Q&A on Copyright: Essential Knowledge for Photographers

UNI INTELLECTUAL
PROPERTY BOOKS
NO.19

写真著作権

第2版

公益社団法人
日本写真家協会

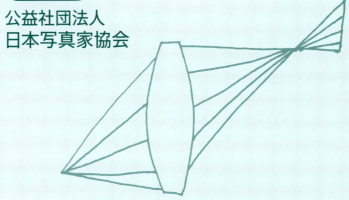

BOOKS

太田出版

土門 拳(どもん・けん)「足」1946年

木村伊兵衛(きむら・いへえ)「秋田・添い寝する母と子」1952-1955年

田沼武能(たぬま・たけよし)「踊り子」1949年

濱谷 浩(はまや・ひろし)「裏日本」1954-55年

奈良原一高(ならはら・いっこう)「王国・沈黙の園」1956-58年

森山大道(もりやま・だいどう)「にっぽん劇場写真帖」 1967-68年

細江英公(ほそえ・えいこう)「鎌鼬」1969年

江成常夫(えなり・つねお)「落城　早朝の安田講堂」1969年

荒木経惟(あらき・のぶよし)「センチメンタルな旅」 1970年

石内 都(いしうち・みやこ)「アパートメント#9」1978年

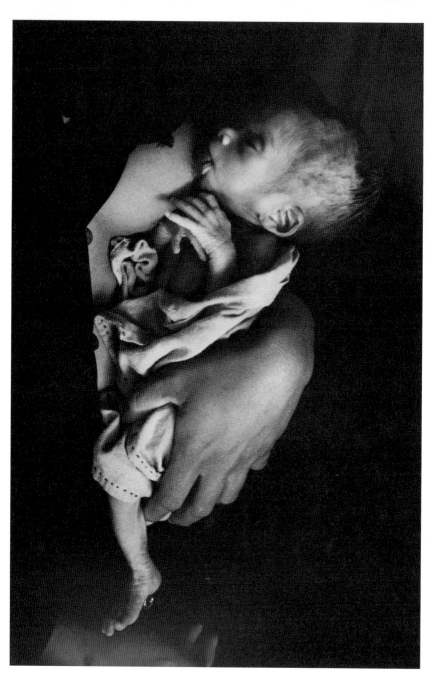

大石芳野(おおいし・よしの)「カンボジア無告の民・小さな赤ちゃん」1980年

竹内敏信(たけうち・としのぶ)「花祭」 1982年

鬼海弘雄（きかい・ひろお）「王たちの肖像」1987年

野町和嘉(のまち・かずよし)「エチオピア・ボナラ族の少女」1996年

写真著作権 第 2 版

写真著作権

目　次

口絵　　土門拳／木村伊兵衛／田沼武能／濱谷浩／奈良原一高／森山大道／細江英公／江成常夫／荒木経惟／石内都／大石芳野／竹内敏信／鬼海弘雄／野町和嘉

巻頭言　田沼武能　008

第2版に寄せて　熊切圭介　010

著作権用語集　012

第一章　写真著作権概論　川瀬 真 …………………… 017

第二章　Q&Aに学ぶ写真著作権 …………………… 039

著作権保護の基本　北村行夫　040

- Q1　著作権の保護とcopyright表記　041
- Q2　著作権の登録制度　042
- Q3　出所不明の写真の扱い　043
- Q4　Rawデータと写真著作物　043
- Q5　雑誌社の依頼で撮影した写真を個展に出展する場合　044
- Q6　職務著作物　045

Q7	写真の著作物と映画の著作物	046
Q8	動画は映画の著作物か	046
Q9	映画の著作物から取り出した1コマ	047
Q10	名画の複製写真の著作権	047
Q11	外国著作物の使用	048
Q12	塀に描かれた落書きの絵の使用	049
Q13	スピード写真の著作物性	049
Q14	模倣と類似	050
Q15	テイストや技法の模倣と著作権侵害	051
Q16	ジャケット写真をさらに撮影した場合	052
Q17	ウィンドウディスプレイと著作権	052
Q18	建築物の著作権	053
Q19	公開の美術の著作物をポストカードにして販売する	054
Q20	著作物でないものを利用してコンピュータ上で著作物を創作した場合	054
Q21	翻案と複製	055
Q22	引用、転載	055
Q23	同一性保持とトリミング	056
Q24	二次的著作物	057
Q25	著作権フリーの素材の使用	057
Q26	著作物の原作品の所有者と著作物としての利用	058
Q27	オークションサイトの画像の著作権	059
Q28	ホームページからの複製	060
Q29	教育目的による著作物の自由利用	060
Q30	複写物の社内配布	062
Q31	写真のタイトルとその英訳	062
Q32	EXIF情報	063
Q33	著作権違反の罰則	064
Q34	保護期間	065
Q35	外国の保護期間と日本の保護期間に差がある場合	065

フォトジャーナリズムと写真著作権　花井 尊　　066

- Q36　新聞社の記事や写真の著作権　067
- Q37　報道写真の自由利用　068
- Q38　新聞社のホームページの写真や記事の使用　068
- Q39　他社のカメラマンの報道写真の利用　069
- Q40　報道写真の再利用　069
- Q41　新聞の写真のコピー　070
- Q42　ニュースの要約を他媒体で紹介する場合　071
- Q43　交通事故の写真をブログにアップする場合　071
- Q44　犯罪報道の顔写真の二次利用　072
- Q45　テレビ画面を写真に撮って使用する場合　072
- Q46　区の広報誌　073
- Q47　昔の新聞の記事や写真を使用する場合　073
- Q48　プロジェクターでの投影　074
- Q49　ボートレースの写真を新聞に投稿する場合　075
- Q50　スキーの写真を雑誌に投稿する場合　075

出版と写真著作権　大亀哲郎　　076

- Q51　写真のクレジット　077
- Q52　「版権」について　078
- Q53　著作権と編集権　079
- Q54　文化庁供託金　080
- Q55　美術品の写真の報道使用　081
- Q56　作品募集の応募要項　082
- Q57　デジタル利用許諾契約書　083
- Q58　写真の電子出版　084
- Q59　出版社が経費をすべて負担した場合の著作権　085
- Q60　編集者の指示で撮影した写真の著作権　087

- Q61　ファッション写真の著作権　088
- Q62　同じ場所から似たような構図で撮影する場合　089
- Q63　スナップ写真を本の表紙に使用する場合　090
- Q64　撮影された写真の本人がそれを使用する場合　091
- Q65　雑誌に掲載された写真を他媒体で使用する場合　092
- Q66　雑誌に掲載された写真の書籍化　093
- Q67　トリミングした写真の使用　094
- Q68　女優の写真のレタッチ　096
- Q69　漫画の背景画集　097
- Q70　本の表紙の写真　098
- Q71　持ち込みの写真の無断使用　099
- Q72　写真集の増刷　100
- Q73　絶版の写真集の復刻　101

広告写真の著作権　志村 潔　　102

- Q74　広告会社との契約書　103
- Q75　カメラマンの著作権　104
- Q76　カメラマンの許諾　105
- Q77　カメラマンの権利　106
- Q78　会社案内　107
- Q79　契約社員の写真の著作権　107
- Q80　よく似た写真を別のカメラマンに依頼する場合　108
- Q81　打ち合わせでネット上の写真を使用する場合　109
- Q82　著作権保護期間の切れた写真の使用　110
- Q83　写真集の写真をもとにイラストの発注をする場合　112
- Q84　写真のコラージュ　113
- Q85　タレントの似顔絵　114
- Q86　公人の写真　115
- Q87　観覧席の写真を広告に使用する場合　116

- Q88　タレントの写真のレタッチ　117
- Q89　広告写真の背景の写り込み　118
- Q90　背景にブランド物を配置する場合　118
- Q91　カメラのメーカー名の写り込み　119
- Q92　不動産広告の写り込み　120
- Q93　ポスターの写り込み　122
- Q94　工業製品を広告写真の素材として使用する場合　123
- Q95　テレビCMでカタログを紹介する場合　124
- Q96　プロフィール写真の無断使用　125
- Q97　レンタルフォトの被写体の権利　126

肖像権　大家重夫　　127

- Q98　公共の場所での肖像権　128
- Q99　お祭りの写真の肖像権　129
- Q100　子どもの肖像権　129
- Q101　政治家の肖像権　131
- Q102　撮影した写真をホームページで公表する場合　132
- Q103　ホームページに掲載されている写真の肖像権　134
- Q104　後ろ姿と肖像権　135
- Q105　パブリシティ権と私的利用　135
- Q106　自分の写真の無断使用　138
- Q107　故人の肖像権　138
- Q108　動物の肖像権　140
- Q109　肖像権にかかわる最高裁判決　141

契約と写真の著作権　石新智規　　145

- Q110　著作者人格権の不行使特約　146
- Q111　出版権設定契約　147

- **Q112** 国の法律適用　148
- **Q113** フォトコンテストの応募要項　150
- **Q114** 写真の「買取り」　151
- **Q115** 利用許諾の範囲　152
- **Q116** 法人著作　153

第三章　新しいメディアと写真著作権　山田健太

……………… 155

付録　フォトコンテスト応募要項の手引き（日本写真著作権協会）　174

あとがき　山口勝廣　178

執筆者一覧　182

巻頭言

公益社団法人 日本写真家協会
前会長 　田沼武能

　写真の著作権は1899(明治32)年に「公表後10年」と制定された。その法律は第二次世界大戦が終結した後も続いていた。即ち、撮影した時点から10年しか保護期間がなかった。20歳の時に撮影した作品の保護が30歳になると著作権保護期間が消滅してしまう。その頃の文芸・学術・美術・音楽は「死後30年」であったので、写真にとっては大変な差別である。著作権が制定された明治32年頃は、写真は機械や化学的処理によって制作され、時間が経つと変色もするといった理由から「公表後10年」と定められたと聞く。
　日本写真家協会は1950年、職業写真家の団体として設立した。当初から写真著作権の確立擁護を掲げている。「公表後10年」の著作権の改正と、もう一つの問題に貸し出した原稿の返却もあった。グラビア印刷には原板フィルムを貸し出す。その原板が出版社や印刷会社などで紛失することも多々あったからだ。
　写真術は、ニエプスが1826年に発明、ダゲールが1839年に発明した。何を発明の原点とするかは諸説あるが、当初から「正確な記録、迅速性、さらにその真実性」をとりあげ、将来はマスコミュニケーションに有効性を予見した説が出ている。ここでは詳細はふれぬが、新しいアートとして時代の寵児となってゆく。日本に渡来したのは1843(天保14)年という説、1848(嘉永元)年という説があるが、すでに170年弱経っている。江戸期・明治期に撮影した写真は当時の日本の社会、風俗、人物肖像を現在に伝えている。これらの中から重要文化財に指定されたものもあり、写真は年月を重ねるに従いその記録が貴重なることの証左になる。
　著作権は写真を職業とする団体、日本写真家協会にとって最重要課題で

あり、創立以来毎月の会議の議題になっている。協会『会報』誌では毎回著作権に関わる記事が記載され、会員に対する普及と一般の方々への啓発に努めてきている。

　著作権改正運動の結果1962年には暫定延長3年、1965年には暫定延長2年と続き、1971年に全面改正され「公表後50年」になった。それでも文芸・美術・音楽との死後起算とは差があった。そして念願の「死後50年」になったのは1997（平成9）年であった。著作権改正運動を展開してからなんと47年の歳月を要した。その間に先輩諸氏の国会への陳情などなみなみならぬ努力があったことを伝えねばならない。

　しかし、長期にわたる「公表後10年」の法律は、現在存命の方々の著作権を消滅させている。法律には不遡及の原則があるからである。その消滅した作品を復活させるには、使用者側の理解を得なければならない。団体ごとに理解を求めているが、全体の理解を得ることは至難の業である。協会は全力でその話し合いにあたっている。

　近年写真は銀塩フィルムからデジタルに移行している。それは、暗室作業がなくなる、撮影後ただちに画像を確認できる、画像を即時に世界のいたるところへ送信することができるなど便利になったが、その半面、クオリティの変わらないデータのコピーがすぐにできてしまう。編集部に送ったデータはデザイナーに行き、印刷所に行く。そのデータは作者に戻ることはなく、消去されたか否かは確認することができない。即ち写真データの管理が非常に難しくなっている。ましてや海外に送った写真データの管理は一層困難になる。これをどう解決してゆくかは今後の写真著作権にとって重要な課題である。

　また、日進月歩するデジタル産業の技術革新に法律の改正が追いつかない。対応するには相互契約を交わすことで自らの権利を守らなければならぬ時代になってきている。契約は著作権法に優先するからである。対等に契約するにはクライアント側との力関係になる。ますます日本写真家協会としては、力を結集して著作権擁護にあたらなければならない。まさに、著作権は写真家の生命なのだ。

第 2 版 に 寄 せ て

公益社団法人 日本写真家協会
会長 **熊切圭介**

　著作権とか肖像権といった言葉を、一般の人が口にするようになったのは、比較的最近のことだろう。社会構造やシステムが複雑になるとともに、マスコミやジャーナリズムが活発になり、また同時に写真というメディアの普遍的な広がりもあって、多くの人が写真を撮り始めたことと無縁ではない。

　写真著作権の保護期間は、公表後10年間保護されると制定されたのが1899年。その後数度にわたり暫定延長され、1971年に著作権法が全面改正されたが、その時でも写真の著作権は公表後50年にとどめられた。1997年になって漸く現在の著作者死後起算50年になった。

　現在は銀塩フィルム時代から、まさにデジタル画像一色といった感じで、写真の世界は急速に変化しているが、同時に出版事情も変わりつつある。紙媒体主体の時代から電子書籍へと変化し、専用端末やスマートフォン、タブレット端末で読む風景が日常になりつつある。SNS（ソーシャルネットワーキングサービス）による文字や画像など情報の伝達が一般化している時代背景のもとで、写真著作権に対する考え方、対応の仕方も大きく変化しつつあるのも事実だ。しかし著作権の基本的な理念は変わっていない。

　インターネット技術の急速な進歩と普及によって、作品の発表の場、形態なども著しく多様化している。SNSで瞬時に共有化される情報や画像の向上により、Web上に表示される画像が、作品なのか単なる情報なのか判然としないなど、インターネットなどに対する写真家側の対応の仕方も難しくなっている。SNSなどのツールの扱いには、一層の細やかさと適切な選択が必要だろう。インターネット上に掲載された写真作品の画像

保護やセキュリティー対策が既存の方法論では対応出来なくなっていることを含め、技術開発の速度や普及の速さに対し、法の整備が追いつかず遅れ気味なのが現実だ。

　2015年に日米など参加12ヵ国で大筋合意に達したTPP関連の写真に関する諸問題に注目する必要がある。写真著作権の保護期間は、死後70年で決着しそうだが、日本だけに課せられている「戦時加算」と呼ばれている不平等なルールが、廃止されるかどうかは不透明だ。また著作権侵害が、親告罪から非親告罪化されること、損害賠償制度に対し懲罰的な意味合いになる「法定損害賠償制度」の導入などが検討されている。

　著作権に関しては、以上のような点に注目しておく必要があろう。

　最後に最近注目されている「動画」について触れる。スティルカメラに動画機能を備えたものが多くなったため、容易に動画が撮れるようになってきた。注意しなければならないのは、現在の著作権法では、動画は映画の著作物とみなされ、著作権が撮影者に帰属しない場合があることだ。また動画に映しこまれた画像の内容によっては、「包括利用許諾」を要求されることがあるので注意する必要がある。

　このように時代は現在、急速に変化してきている。写真はテクノロジーの上に成り立つ表現だ。今後、新しい技術基盤に対して、写真家がどのように対応していくのか、版を重ねるにあたり、問題提起としたい。

著作権用語集

1 引用
いんよう
自身の著作物の中に、公表された他人の著作物を掲載する行為。引用は公正な慣行に合致するものであり、かつ、報道、批評、研究その他の引用の目的上、正当な範囲内で行なわれるものでなければならない。

2 EXIF(エグジフ)
えぐじふ
デジタルカメラで撮影された画像ファイルにメタ情報として撮影日時、機種名、露出、著作権情報等を添付するための規格。

3 オリジナル
おりじなる
何かに加工されたものの元となるもの。特に、複写、複製等に対して用いられる。

4 共同著作
きょうどうちょさく
複数の者が共同して創作した著作物。

5 原作品
げんさくひん
創作されたオリジナル作品。

6 原板
げんばん
実際に被写体を撮影したフィルム、撮影オリジナルフィルム。

7 公衆送信(権)
こうしゅうそうしん(けん)
公衆によって直接受信されることを目的として著作物を自動公衆送信したり、放送したり、有線放送したり、また、その放送や有線放送を受信装置を使って公に伝達する権利。

8 公表権
こうひょうけん
自分の著作物で、まだ公表されていないものを公表するかしないか、するとすれば、いつ、どのような方法・形で公表するかを決めることができる権利。

9 copyright
こぴーらいと
著作権のこと。

10 コンテンツ
こんてんつ
本来は「内容」のことを指すが、文章や映像、画像、音楽などの情報内容にも使われる。

11 財産権
ざいさんけん
財産的価値を有するものをいうが、元々著作権は財産権の一種であり、譲渡することが可能。

12 差止請求権
さしとめせいきゅうけん
自己の権利を侵害する者又は侵害するおそれがある者に対し、その侵害の停止又は予防を請求することができる権利。

13 サブライセンス
さぶらいせんす
再実施権。ライセンスを受けた者だけが独占的に実施できる権利を第三者に許諾する権利。

14 JPEG
じぇーぺぐ
コンピュータなどで扱われる画像データを圧縮する方式の一つ。ファイルの拡張子は「.jpg」「.jpeg」。またはそれを作成した組織(Joint Photographic Experts Group)の略称。

15 実損害
じつそんがい
権利者などがこうむった実際の損害額。我が国の法制度では実際の損害額しか請求できない。

16 私的利用のための複製
してきりようのためのふくせい
自分自身や家族など限られた範囲内で利用するために著作物を複製することができる。

17 私的利用
しできりよう
個人的にあるいは家庭内など限られた範囲で使用すること。

18 自動公衆送信
じどうこうしゅうそうしん
公衆からの求めに応じ自動的に行う送信をいい、インターネット上のサーバにアップロードした写真等の著作物を利用者がアクセスすることによって、ブラウザ等に表示させるような場合がこれにあたる。

19 氏名表示権
しめいひょうじけん
自分の著作物を公表するときに、著作者名を表示するかしないか、するとすれば、実名か変名かを決めることができる権利。

20 出版権
しゅっぱんけん
著作者が出版者(社)に対して著作物の独占的な出版を許諾する場合に、出版者(社)に与える(準)物権的権利。但し、出版者(社)等は著作権、著作隣接権をもたない。平成27年からは、この出版には紙の書籍も、電子の書籍(CD-ROM・オンライン出版)も含むことになり、また、再許諾の権利を付帯できるようになった。

21 肖像権
しょうぞうけん
人の姿・形及びその画像などがもちうる人権のこと。

22 譲渡権
じょうとけん
知的財産用語で、著作物またはその複製物の譲渡をコントロールできる権利である。

23 職務著作
しょくむちょさく
企業の従業員がその職務として創作を行なった場合に、企業そのものが著作者となり著作権を取得するという制度。

24 侵害
しんがい
他人の権利を侵したり、阻害したり、無断で利用したりする行為。

25 親告罪
しんこくざい
告訴がなければ公訴を提起することができない犯罪をいい、著作権侵害も親告罪。

26 戦時加算
せんじかさん
第二次世界大戦中、日本が連合国の著作物の権利を保護しなかったといった点で設けられたペナルティで、開戦(1941年12月8日)から平和条約発行前日までの実日数を、通常の保護期間50年に加算するというもの。平和条約締結時によって異なり、英、米、仏では10年142日。

27 送信可能化
そうしんかのうか
インターネットのホームページなどを用いて、公衆からのアクセスに応じ自動公衆送信装置を利用して情報を自動的に送信できるようにするため、情報を蓄積したり送信できるような状態に置くこと。

28 損害賠償請求
そんがいばいしょうせいきゅう
違法な行為により損害を受けた者がその原因を作った者に対して損害を請求すること。

29 貸与権
たいよけん
著作物を公衆に貸し出す際に生じる著作権者の権利。

30 知的財産権
ちてきざいさんけん
人間の思索など、知的活動によって生じた成果・業績を認め、その表現や技術などの業績と権益を保証するためにあたえられる、無形の知的財産に対する財産権のこと。

31 著作権
ちょさくけん
写真、映画、言語、音楽、絵画、建築、図形、コンピュータプログラムなどの表現形式によって、思想・感情を創作的に表現した者に認められる、創作物の利用を支配することを目的とする権利。

32 著作権者
ちょさくけんしゃ
財産権としての著作権を有している人を指す。著作権のうち財産権は譲渡可能だが、人格権は譲渡できない。

33 著作権者ID
ちょさくけんしゃあいでぃー
著作権の所在を示す方法として(株)電通が考案し、日本写真著作権協会が発行する国際技術標準「許諾コード方式」に準拠した氏名表示に代わって利用できる16桁のID体系。

34 著作権の制限
ちょさくけんのせいげん
著作物の利用や使用について、私的使用を目的とした複製、図書館における複製、引用、営利を目的としない上演等、行政機関情報公開法等による開示のための利用は著作権が制限される。

35 著作権フリー
ちょさくけんふりー
著作物を利用規約範囲内においては無断で使用できることであり、権利を放棄したものではない。

36 著作財産権
ちょさくざいさんけん
著作物で発生する財産権に関する権利。

37 著作者
ちょさくしゃ
著作物を創作する者、著作物(作品)の作者のこと。

38 著作者人格権
ちょさくしゃじんかくけん
自分の著作物の内容、又は題号を自分の意に反して勝手に改変されない権利。譲渡は不可能。⇔著作財産権

39 著作物
ちょさくぶつ
思想または感情を創作的に表現したものであって、文芸、学術、美術または音楽の範囲に属するものを指す。

40 著作隣接権
ちょさくりんせつけん
「実演家などに認められた権利」。著作物の創作者ではないが、著作物の伝達に重要な役割を果たしている実演家、レコード製作者、放送事業者、有線放送事業者に認められた権利。

41 TIFF
てぃふ
Tagged Image File Formatの略称。コンピュータなどで扱われる画像のファイル形式の一つ。ファイルの拡張子は「.tif」「.tiff」。AldusとMicrosoftによって開発され、現在はAdobeが仕様などの知的財産権を所有。

42 展示権
てんじけん
「美術の著作物の原作品」と「未発行の写真の著作物の原作品」を公に展示する権利で、著作者がもつが、その原作品の所有権を譲渡すれば、所有権者とその同意を得たものも展示権をもつ。

43 伝達権
でんたつけん
公衆送信された著作物を、テレビ、ラジオ、パソコンなどの受信装置を用いて、公衆(不特定または特定多数)向けに伝達する(公衆に見せたり聞かせたりする)権利。

44 同一性保持権
どういつせいほじけん
著作物及びその題号につき著作者の意に反した変更、切除その他の改変を禁止することができる権利のこと。

45 二次的著作物
にじてきちょさくぶつ
著作物を翻訳し、編曲し、若しくは変形し、または脚色し、映画化し、その他翻案することにより創作した著作物。

46 日本写真著作権協会
にほんしゃしんちょさくけんきょうかい
正式名称一般社団法人日本写真著作権協会(略称JPCA)。写真著作権全般に対処し、技術発展に伴う著作権環境の調査研究を行うことにより、わが国の著作権の啓発・普及を通じて、産業・社会・文化の発展に寄与することを目的に活動している団体で、会員は写真団体により構成。

47 パブリシティ権
ぱぶりしてぃけん
人の氏名、肖像は、人格の象徴であるが、商品の販売等を促進する顧客吸引力を有する場合があり、この顧客吸引力を排他的に利用する権利をいう。

48 版権
はんけん
明治32年に旧著作権法が公布されるまでの間に用いられた著作権の旧称ではあるが、旧法制定時に著作権と統一され「版権」という表現は現在使われていない。

49 万国著作権条約
ばんこくちょさくけんじょうやく
1952年、国内法の関係でベルヌ条約を批准できなかった諸国のために、ベルヌ条約を補完するものとして国際連合教育科学文化機関（UNESCO）が提唱して決められたもので、ユネスコ条約とも呼ばれているものである。
ベルヌ条約創設の頃、アメリカを中心に中南米の諸国はすでにパン・アメリカン条約を制定しており、自国の著作権法との差があったため当初ベルヌ条約に参加せず、著作権の発生に登録主義（方式主義）をとっていた。
著作権は©マーク表示によって方式主義国でも保護され、保護期間は25年。
日本は1956年に条約を批准。1971年にパリで改正が行われ、1977年に改正条約が締結された。
近年は、世界のほぼすべての国家が世界貿易機関（WTO）の加盟国であり、WTO協定の附属書である知的所有権の貿易関連の側面に関する協定（TRIPS協定）を受け入れている。このため、万国著作権条約はその重要性がなくなったとされている。両条約加盟国では、ベルヌ条約が優先する。

50 複製(権)
ふくせい(けん)
著作物を複製する権利。

51 プライバシー権
ぷらいばしーけん
私生活上の事柄をみだりに公開されない法的な保障と権利。

52 ベルヌ条約
べるぬじょうやく
著作権における国際的保護の基本として最も重要であり、世界の著作権法といえるものである。
1886年（明治19年）スイスのベルヌでヨーロッパ諸国を中心に著作権にかかわる国際的ルールを定めた条約。2009年現在、世界の164カ国が加盟しており、日本は1899年、アメリカは1989年に加盟。特色は、内国民の待遇の原則と無方式主義（著作物を作成した時点で自動的に著作権が発生し、登録等は不要）。

53 編集著作権
へんしゅうちょさくけん
複数の著作物の選択または配列によって創作性をもつ編集物を編集した者に認められる著作権。効力は全体についてだけ存在し、編集物の部分を構成する個々の著作物の著作権には及ばない。

54 法人著作
ほうじんちょさく
職務著作ともいう。法人などの業務に従事する者が職務上著作物を創作した場合、当該法人が著作者となる（15条1項）。

55 法定損害賠償
ほうていそんがいばいしょう
米国型の賠償制度。実損害の有無の証明がなくても、裁判所がペナルティ的な要素を含んだ賠償金額を決められる制度。

56 保護期間
ほごきかん
著作権の発生から消滅までの期間をいい、日本は著作者の死後50年を採用。近年、欧米と同水準である死後70年に延長すべきだとの声があがっている。

57 翻案権
ほんあんけん
著作物を翻訳、編曲、変形、翻案する権利（二次的著作物を創作することに及ぶ権利）。

58 ©(マルシー)
まるしー
無方式主義の国の著作物を方式主義の国でも保護するべく、万国著作権条約第3条第1項に基づいた著作権表示。

59 無方式主義
むほうしきしゅぎ
著作物を創作するとすぐに何の手続を経る必要もなく著作権を享有できる制度。我が国の著作権法は無方式主義を採用している。⇔登録制度

60 迷惑防止条例
めいわくぼうしじょうれい
各都道府県ごとに制定されている条例。公衆に著しく迷惑をかける暴力的不良行為等を防止し、もって住民生活の平穏を保持することを目的とする。

61 ライセンス
らいせんす
それが存在しなければ違法となる行為をすることを許可すること、あるいはその許可を称する書面のことをいう。

62 リンク
りんく
文書内に埋め込まれた、他の文書や画像などの位置情報。

63 Raw
ろー
デジタルカメラで撮影をする際に用いられる画像の記録形式の一つ。メーカーごとに異なる独自規格のため互換性はないものの、どれも「Raw」などと称されている。実際には、デジタルカメラの撮影モードで「Raw」を選択して撮影すると、「.nef」「.cr2」「.arw」「.dng」などの拡張子のついたファイルが生成される。

第一章

写真著作権概論

川瀬 真

横浜国立大学大学院国際社会学研究科教授
前文化庁長官官房著作権課著作物流通推進室長

1 はじめに

　写真の著作権は、1996(平成8)年に著作権法(以下「現行法」という)が改正され、保護期間が公表後起算から、映画を除く他の著作物と同様、原則として死後起算の取扱いになった(55条の削除)。写真家やその関係者の方々は、これでやっと写真が一人前の著作物になったと、ほっとされたことと思う。

　考えてみると、同じ著作物でも写真は、比較的歴史が浅い。また、写真の発明と著作権思想の高まりとが同じような時期に訪れ、ちょうど写真の黎明期が旧著作権法(以下「旧法」という)の制定時期と重なった。幸か不幸か旧法が制定される時期に写真は著作物と認知され、他の著作物と同様に著作権法の保護を受けることになったが、まだ発展途上であった写真は、著作物としての評価が定まっておらず、写真家等の皆さんの言葉を借りるならばいわれのない差別的な取扱いを受けることになった。

　法制度というのは、一旦法律で制度の枠組みが決まってしまうとその枠組みをすぐには大きく変えにくいという宿命を負っている。写真の場合も、その保護の出発点で他の著作物とは異なる取扱いがされたことから、その修正に長い時間がかかった。

　しかし、時間は長くかかったが、法制度が変わったことは、写真家やその関係者の方々の地道な努力が実ったからだと思う。

　本稿では、この写真の著作権法上の取扱いについて、写真の発明・発展の状況も踏まえながら解説するとともに、デジタル化・ネットワーク化に伴う最近の著作権問題にも最後に触れることとする。

2 写真の発明と発展(黎明期)

(1) 写真の技術

　写真の発明は、19世紀半ば、それより以前には、画家たちが使用したカメラ・オブスクラ(Camera Obscura)があった。これは、明るい場所に面した暗室の一点に穴を開けると暗室の壁に外の景色が、上下左右が逆転した状態で映し出された。画家はこの現象を携帯できるように改良して、その画像をトレースし、実像に近い絵を描いたといわれている。

　写真の発明とその歴史は、この映し出された画像を固定することに成功したときから始まったといわれている。

　18世紀から19世紀にかけて、物理学や化学の発達により、様々な画像の定着技術が研究された。実用化された最初の方法は、1839年にフランスで発表された、銅板を銀メッキした金属板(銀板)に画像を定着する技術ダゲレオタイプ法)であった。同じころ紙に感光性を与えたカロタイプ(モノクロ写真の原型)が誕生し、さらに1848年には、湿式コロジオン法(湿板写真)が発明され、露光時間が短く豊富な階調をもった写真ができることで、またたく間に普及した。その後は、次々と新しい技術が開発され、近代的な写真技術へと発展していった。

(2) 写真の用途

　写真は、当初いわゆる肖像写真から出発した。肖像画は古くからあったが、肖像画を描くためには時間と費用がかかるので、長いあいだ貴族などの富裕層が事実上独占していた。産業革命以後、比較的裕福な中間層が増え、肖像画の需要が高まったといわれているが、需要に応えきれず、こうしたことが写真の発明と普及を後押ししたといわれている。

　このようなことから肖像写真の需要は爆発的に高まったが、単なる肖像

写真にとどまらず、技術の発展とともに、自然の風景など被写体は拡大し、人間の目で見られるものは何でも対象となっていった。また、表現方法も多様になり、写真師は画家から転身した人も多かったことから、人間味ある芸術写真も生み出されるようになった。

(3) 我が国への写真の輸入

　我が国に写真技術が輸入されたのは幕末期であるといわれている。最初は写真機材の輸入とその分析研究が行われたが、1860(万延元)年、外国との条約に基づき、横浜などの港が開港されてからは、新しい機材だけでなく、それを活用する技術も輸入されるようになった。

　アメリカ人のフリーマンやイギリス人のフェリーチェ・ベアトなどは、コロジオン湿板方式の写真機材を持ち込み、主として訪日外国人の肖像写真を撮影するとともに、日本人とその習俗を撮影したといわれている。

　こうした中で、外国人写真師に師事していた日本人が写真術を学び、例えば、狩野派の絵師から写真師になった下岡蓮杖(東の写真の開祖といわれている。横浜で開業)、研究者から転身した上野彦馬(西の写真の開祖といわれている。長崎で開業)などの写真師が育った。

　ただ、幕末期の写真師の仕事は、ほとんど訪日外国人か、外国文化に興味を持つ我が国の知識階級からの依頼に基づくものであった。

　明治期になると、写真の普及は一気に加速した。肖像写真の需要は、富裕階級から中産階級へと広がり、我が国の習俗や建築物、風景なども撮影されるようになった。

　また、明治20年代から、ゼラチン乾板の普及が始まると、露光時間が短くなり写真を写そうと思ったその瞬間を撮れるようになり、営業写真家だけでなく、アマチュアの写真家も活躍できるようになった。現に1889(明治32)年には、日本で最初のアマチュア写真家団体である「日本写真会」が結成され、ここからいわゆる「芸術写真」の時代が始まったといわれている。

　さらに、1888(明治21)年に写真亜鉛凸版による印刷が、新聞や出版物

で使われはじめ、写真が新聞や出版物に使用されるようになった。

　最後に、この項を書くに当たって、参考にした『写真の歴史入門』（新潮社）の第2部「創造」（藤村里美、東京都写真美術館監修）の33頁に掲載されている1904(明治37)年に雑誌「写真月報」に掲載されたアマチュア写真家とプロの写真師の論争の一説が、これから解説する著作権問題を取り上げる上で非常に興味深かったので紹介しておく。

　「前者(アマチュア写真家)は、「芸術とは或者の感興を或媒介物によりて他人に伝うるの謂にして、媒介物即ち芸術品なり、写真は媒介物として充分の価値を有す」と記し、写真を個人の感動を表現として他人に伝えるものとした。後者(プロの写真師)は、「写真の精霊は写真なり、真を写す之れ写真の真意義にして又写真の目的なり」と返し、写真は見たままを写すことがその目的であると反論した」。

　そして、著者は、「この論争はここで決着がついたわけではないが、「むらさき」（アマチュア写真家）のような考えを持つ人びとが増え、表現としての写真が多く発表されていくようになる」と結んでいる。

＊括弧内は川瀬記

旧著作権法制定前の写真の保護

(1) 写真条例(1876(明治9)年)

　先述したように幕末から明治初頭にかけては、写真の技術が我が国に輸入され、日本人の写真師が活躍しつつある時代であり、写真師は高級技術者として尊敬されていた。

　この時期に、写真の無断複製販売事件が発生したことを契機として、写真師の労力に報いるため、1876(明治9)年に写真条例が制定された。

　この条例は、「凡ソ人物山水其他ノ諸物象ヲ写シテ」専売を願い出る者

に5年間の専売の権(写真版権)を認めた(1条)。 写真版権は、写真師の権利として位置づけられたが、権利の付与はいわゆる免許制であった。

(2) 写真版権条例(1887(明治20)年)

写真技術の改良により、写真が普及していく中で、1887(明治20)年に、出版条例から版権条例が分化したのと同時に、写真条例も改正され、写真版権条例が制定された。

主な内容であるが、まず、写真を「凡ソ光線ト薬品トノ作用ニヨリ人物器物景色其他物象ノ真形ヲ写シタルモノ」と定義し、写真版権を「写真ヲ発行シテ其ノ利益ヲ専有スルノ権」と定義した(1条)。また写真版権は写真師に属することを明確にしたが、他人の嘱託による写真版権は嘱託者に帰属することとした(2条)。さらに従来の免許制は登録制に改められ(4条)、保護期間も免許後5年から登録後10年に延長することとした(6条)。

なお、1893(明治26)年の版権法では、文書図画に挿入した写真の保護は、その文書図画と同じ保護を受けるとされた。

嘱託写真や挿入写真の考えは、旧著作権法に引き継がれることになる。

4 写真の保護に関する国際動向と条約上の取扱い

我が国は、幕末期に欧米各国と締結したいわゆる不平等条約の解消の一環として、外国との約定に従い、旧法を制定するに当たっては、ベルヌ条約へ加入し、外国人の著作物も保護することとした。

したがって、写真に関する旧法の取扱いについては、当然条約加入を前提にしていたところである。当時の国際的な状況やベルヌ条約上の取扱いについては、次のとおりである。

旧法の起草者である水野錬太郎博士(当時は内務省参事官)は、旧法の逐

条解説である「著作権法要義」の中で、写真が美術の著作物に該当するかどうかについては、欧米諸国の中でも議論があったところであるが、多くの国の立法例では、美術の著作物に該当すると説明している(フランスでは、法律に明記されていないが、判例で写真は美術の著作物に該当するとされ、学説もこれを支持していると紹介している)[1]。

　1886(明治19)年にベルヌ条約(創設条約)が採択されたが、この条約は、内国民待遇、相互主義、無方式主義、遡及効を基本原則とし、保護期間は翻訳権を除き、各国法に委ねられることとされた。また、同条約には、その終局議定書第1項の中で、写真の著作物が美術の著作物の性質を有すると認める場合は、同条約の保護を受けるとされた。また、美術の著作物を適法に複製した写真は、原則として当該美術の著作物の複製権と同一の期間保護されることも明記された。

　なお、1896(明治29)年にパリで作成されたベルヌ条約の追加規定では、写真の著作物を美術の著作物と見るかどうかについて議論があったので、終局議定書第1項が一部修正され、写真の著作物及びそれに類似する方法で作成された著作物(以下「写真の著作物等」という)は、それが美術の著作物かどうかにかかわらず、それを著作権法で保護している場合は、内国著作物と同様の保護を与える必要があるとされた。

　さらに、1908(明治41)年のベルリン改正条約では、写真の著作物等の条約上の保護が条約本体に明記された。なお、保護期間は、原則として著作者の死後50年とされたが、全加盟国がこの水準を満たさないときは、この水準以下の保護期間でも容認されることとされた。ただし、写真の著作物等の保護期間については、原則として加盟国の国内法に委ねられることとされた。

　その後、この取扱いは、1928(昭和3)年のローマ改正条約においても踏襲された。

　さらに、1948(昭和23)年のブラッセル改正条約では、ローマ改正条約までは写真の著作物等の保護が他の著作物とは別の条文に規定されていた

---

[1]　水野　要義　94頁

のが、他の著作物と同じ条文で例示されることになった。また、すべての加盟国が原則的保護期間(著作者の死後50年)を満たさない場合の例外措置が削除され、条約の水準より長い保護期間の加盟国と他の加盟国の相互主義による調整規定が新設された。なお、写真の著作物等の保護期間は、原則として加盟国の国内法に委ねられるという例外的な取扱いはそのまま踏襲された。

なお、1971(昭和46)年のパリ改正条約(最新条約)では、基本的にブラッセル改正条約の取扱いが踏襲されている。

最後に、1996(平成8)年に作成された著作権に関する世界知的所有権機関条約(以下「WIPO著作権条約」という)では、上記のベルヌ条約の写真に関する特例措置が改められ、他の著作物と同様の取扱いとなった。

5 旧著作権法の制定と写真の取扱い

(1) 旧著作権法の制定

旧法は、それまでの版権法、写真版権条例等を統合するとともに、欧米諸国の著作権法制やベルヌ条約の内容を踏まえ制定された。旧法は、当時としては、非常に近代的な法律で、もちろん条約へ加入するための水準を満たすものであった。

(2) 旧著作権法上の写真の定義

旧法第1条では、「文書演述図画建築彫刻模型写真演奏歌唱其ノ他文芸学術若ハ美術(音楽ヲ含ム以下之ニ同ジ)ノ範囲ニ属スル著作物ノ著作者ハ其ノ著作物ヲ複製スルノ権利ヲ専有ス」とし、写真が著作物に該当することを明示している(写真は、制定当初から例示されていた)。これは、政府が、

写真は欧米諸国でも著作物として取り扱われていると見極めた上での結論であった。

なお、写真技術と類似の方法により製作した著作物は写真と同様に扱われる(旧法26条)。

(3) 写真と創作性

①著作物一般

「現行法」では、著作物を、「思想又は感情を創作的に表現したものであつて、文芸、学術、美術又は音楽の範囲に属するもの」(2条1項)と定義し、著作物といいうるためには、創作的な表現が必要としている。

旧法には、著作物の定義はなかったが、旧法の解説書では、著作物の成立要件として「独創性」が必要だとする見解が多い[2]。判例も同様である[3]。しかし、どの解説も独創性を厳格に解釈し、例えば他に類例がない独特のものであることが必要とする見解はなく、表現に独自性があればいいとする。これは、現行法の考え方に通じるものである。

②写真

現行法では、自動証明写真、プリクラなどの自動写真や平面的な絵画等を忠実に撮った写真は著作物ではないと解されているが、それ以外の写真については、いわゆる芸術写真のみならずブロマイドのような肖像写真や素人のスナップ写真についても、構図の取り方や撮影・現像等における創意工夫があれば著作物たり得ると解されている。

旧法において、立法者は写真は美術の著作物に該当するとしたものの[4]、写真の創作性については、他の著作物と比べて、区別していた[5]。

まず、条文で見ると、保護期間を原則として発行後10年とし(旧法23

---

[2] 勝本　著作権 87頁　　城戸　研究 30頁　　小林　理由と解釈 34頁　　萼　条解 29頁
[3] 大阪控訴院判決(S11.5.19)では、著作物を、「精神的労作の所産たる思想感情の独創的な表白であって客観的な存在を有し、…」と定義した。
[4] この考えには批判が多い。伊藤　諸問題 59頁　　城戸　研究 66頁
[5] 榛村　概論 95頁　城戸　研究 66頁　　萼　条解 193頁

条)、他の著作物の原則死後30年より短くしている。また、1910(明治43)年の改正で、活動写真(映画)の保護が明記され、その中で、「独創性」のある著作物は、一般の著作物並みの保護期間とし、「独創性」のないものは、写真と同様とした(旧法22条の3)。この独創性のない映画については、ニュース映画や自然風物などの記録映画が該当するといわれている。

この点、解説書においては、「独創性」がないとは、独創性が低いという意味であると説明するものが多い[6]。

次に実態面で見ると、旧法制定当時の写真の主流は肖像写真であったが、当時の写真師は誰でもなれるわけではなく、高級技術者として社会的に見られていた。また、それゆえ写真師は、単に写真技術の光学的・化学的作用により写真を機械的に制作しているのではなく、そこには精神的労作(創意工夫)の存在があると認知されていた。

以上の点から、当時から写真の創作性は社会的に認められていたと考えられるが、相対的に写真の創作性は低いと考えられ、それが制度設計に反映されていたことを認めざるを得ない。

(4) 保護期間

①原則(旧法23条1項、同条2項)

保護期間は、写真の最初の発行から10年間(後に13年まで延長)とされた[7]。写真が発行されないときは、種板(写真原板)を制作したときから起算される。この期間は、写真以外の著作物の原則的保護期間(生存間及び死後30年間(後に38年まで延長)(旧法3条))より大幅に短かった。

立法者は、(3)②で記述したように創作性の程度の違いがあること、欧米諸国でも写真の保護期間は他の著作物に比べて短いこと、10年という保護期間は写真版権条例の期間を踏襲したものであることをその理由にあげている[8]。

---

6) 城戸 研究 82頁 榛 条解 179頁 山本 著作権 253頁
7) 期間の計算は暦年計算(旧法9条)
8) 水野 要義 95頁

また、保護期間で注意しなければいけないもうひとつの点は、未発行の際の取扱いである。写真の場合は、写真が発行されなければ、種板を製作したときから10年で消滅するが、他の著作物の場合、未発行または未興行の場合は永久に保護されることになっている。

この点についても、立法者は、保護期間を短縮した理由と同様の理由で、未発行といえども永久に保護する必要はないとしている[9]。

②美術の著作物を適法に撮影し制作した写真の保護期間(旧法23条3項)

旧法では、美術の著作物の異種複製を定めた規定がある(旧法22条)。これは、原著作物と異なる技術により適法に美術の著作物を複製した者は、著作者と見なし保護するというものである。

立法者は、例として絵画を彫刻にすること、写真を模型にすることをあげ説明している(旧法の複製の概念は現行法のそれより広く、翻訳、興行等も含む(旧法1条等))[10]。これは、現行法でいうと、美術の著作物に限定はしているが、二次的著作物の著作者の保護を定めた規定といえよう。

この異種複製の特別規定が旧法23条3項である[11]。この規定によれば、写真技術により美術の著作物を適法に複製した者は、著作者として保護されるが、保護期間は、写真の保護期間ではなく、原著作物の保護期間と同一の期間保護されることになる。この措置について、立法者は、原著作物の保護のための措置であり、この措置がないと写真の著作権は10年で消滅し、写真が自由に利用されると被写体の著作物の利益が損なわれると説明する。現行法では、絵画等の平面的なものを忠実に写真に撮ったとしても新たな著作権は生じないとされており、また写真の著作権の消滅とともに被写体である著作物が自由利用できるという規定もない。旧法だけに見られる特別の考え方である。

なお、同条同項では、原著作者と異種複製者との間で保護期間の特約が

---

9) 水野　要義　96頁
10) 水野　要義　93頁
11) 山本　著作権　72頁

あるときはそれに従うことが定めてある。

③文芸学術の著作物中に挿入した写真の保護期間(旧法24条)

小説や論文などの著作物では、特にその著作物のために著作し、または著作させた写真が挿入されることがある。この場合の写真は、文芸学術の著作物と一体で保護する必要があることから、その保護期間も当該著作物と同一の期間となる。

この取扱いについては、1893(明治26)年の版権法の規定を踏襲したものである。

なお、この場合、他人に写真を著作させたときは、当該著作権は、文芸・学術の著作物の著作者に帰属することになる。

(5) 著作権の帰属

①原則(旧法1条、18条)

写真の著作者(写真師)は、後述する場合を除き、写真が制作された時点で何ら方式を必要とせず、著作権を専有する。また、著作者人格権についても同様である。

②肖像写真(旧法25条)

嘱託により制作した肖像写真については、嘱託者に著作権が帰属する。これは、写真だけに認められた規定であり、例えば肖像画や肖像彫刻の場合は、著作権は作家(著作者)に帰属する。

この規定は、1887(明治20)年に制定された写真版権条例の規定を踏襲したものである。嘱託者とは、被写体本人のことをいう[12]。

その取扱いについて、立法者は、被写体の許諾なしに、写真が店頭に陳列され、販売されることを放任することになれば、被写体の人身権を侵すことになるので、これを防止するためにこの措置をとったとしている[13]。

---

12) 城戸 研究 263頁 蕚 条解 197頁

なお、この場合、著作者人格権については、著作者(写真師)が有していると考えられる[14]。

③文芸学術の著作物中に挿入した写真(旧法24条)
　(4)③のなお書きを参照

6 現行法の制定と写真の著作物の取扱い

(1) 写真技術の発展と写真の創作性に対する意識の変化

　旧法制定当時における写真の取扱いは、前述のとおりであるが、その後、写真技術は急速に発展し、写真機材の軽量化、取扱いの容易化、解像度の向上、カラー化等を通じて、多くの国民に普及していった。また、写真の用途も拡大し、いわゆる芸術写真や報道写真などの制作を通じて、写真が他の著作物と同様の創作物として社会的に認知されてきた。

(2) 現行著作権法の制定と写真の取扱い

①著作権制度審議会における検討
　著作権制度審議会(以下「制度審」という)は、1962(昭和37)年に、文部大臣から旧法の改正等重要事項に関する諮問を受け、1966(昭和41)年にその審議結果を答申した。

---

13) 水野　要義　101頁
14) 勝本　著作権　138頁

写真の著作権法上の取扱いについては、この場で検討された。答申された写真に関する主な改正事項は、写真は学術または美術のどちらの範囲に属するかは問わず保護することとし、法律に写真の著作物の例示を設けること、写真の著作権の帰属に関する旧法の取扱い（挿入写真、肖像写真）を廃止すること、及び写真の著作権の保護期間を公表後50年とすることの3点である[15]。

②現行著作権法における写真の取扱い

制度審の答申を受け、政府は直ちに著作権法の全面改正に着手し、現行法は1970（昭和45）年に成立し、翌年の1月から施行された。

写真に関する主な改正点は次のとおりである。

ア　著作物としての例示（10条8項）

写真は、旧法では、美術の著作物とされていたが、これに対して批判が多かったところから、美術や学術の著作物の例示とは独立して規定された。

なお、旧法と同様、写真の著作物に写真に類似する方法で表現された著作物が含まれることが、定義規定の中に規定された（2条4項）。

イ　著作権の帰属に関する特例の廃止

制度審の答申どおり、挿入写真や肖像写真に関する特例を廃止し、契約に委ねることとした。なお、制度審では、肖像写真について、肖像写真の利用に当たっては、肖像本人に無断で利用できないような措置等が必要とされたが、著作権法上は特に規定は設けなかった[16]。

---

15) 審議記録　18頁　23頁　36頁
16) 審議記録　60頁

ウ 保護期間の延長と再延長

(ア)現行法制定時(55条)

制度審では、著作物一般について、世界の大勢は死後50年であること(ベルヌ条約加盟国55カ国中、50年より短い保護期間の国は我が国を含めて2カ国のみ)、1948(昭和23)年採択のベルヌ条約ブラッセル改正条約では、死後50年より短い保護期間は原則認めていないことなどから、原則的保護期間を死後50年とすることとした。この答申を踏まえ、現行法では、原則的保護期間を著作者の生存間及び死後50年間とした。

写真については、写真に対する社会的な認知が高くなっていたことなどから、他の著作物との均衡を考慮し、公表後50年間(この間公表されない場合は創作後50年間)保護することとされた。

写真が死後起算とされなかったことに対し、制度審は、従来の保護期間が10年であったこと、記録としての利用をなるべく早く社会に開放することが望ましいこと等の実際上の理由からであると説明している[17]。

(イ) 1996(平成8)年の法改正(55条の削除)

写真の保護期間の見直しについては、現行法の制定の際の国会の付帯決議でも検討課題とされていたこと、WIPO著作権条約では、写真の保護期間を、世界の主要国の大勢に従い、死後50年までと規定したこと等の理由から、著作権法は改正され、他の著作物と同様の保護期間になった[18]。

ここに至り、写真家とその関係者の長い悲願は達成されたことになるが、今ひとつの大きな課題であった過去の写真の保護の問題は解消されないままであった。

(ウ)過去の写真の保護

保護期間は、発行後10年(後に13年まで延長)、公表後50年、死後50年と延長されていったが、それぞれの改正時において、改正後の長

---

[17] 審議記録 84頁
[18] 再延長の理由は加戸 逐条 349頁に詳しい

い保護期間の適用を受けることができる写真は、改正法の施行時に著作権が消滅していないものに限定された(附則2条等)。

これは、一旦著作権が消滅し自由利用されている著作物の著作権が保護期間の延長により復活すると社会が混乱し法的安定性を欠くことになるためであり、著作権法に限らず、他の法律の経過措置でもよくあるものである。

写真の場合は、特に保護期間の延長の幅が大きかったところから、写真家の生存中に過去の作品の著作権が消滅する事例が多数生じ、写真家として心情的にどうしても受け入れられないという事態が生じてしまった。

例えば、1931(昭和6)年生まれの写真家は、2011(平成23)年現在80歳になるが、この写真家が26歳のとき(1957(昭和32)年)に発表(発行)した写真は、旧法の保護期間で計算すると1969(昭和45)年(32＋13＝45)末に著作権が消滅しており、現行法の施行時である1971(昭和46)年に乗り移れないことになる[19]。すなわち、この場合、80歳といえばまだまだ元気な方がたくさんおられるにもかかわらず、現行法が施行された1971(昭和46)年以降は、保護期間が延長されたにもかかわらず、1957(昭和32)年までに発表された写真は誰でも自由に利用できることになる。

この点について、私も写真家の憤りは心情的には理解できるが、長いあいだ自由利用が行われてきた写真が、ある時点からは写真家の許諾が必要とする法改正は、先述した理由から、やはり困難であると考えざるを得ない。

---

19) 計算方法は、シェーン事件最高裁判決(H19.12.18)の判決内容に準拠

7 デジタル化・ネットワーク化に関連するいくつかの課題について

　世の中はデジタル・ネット時代になり、写真も従来のフイルム原板から写真をプリントするという方法から、デジタル方式による写真が主流になった。特に商業写真の世界では、アナログ写真にこだわる少数の写真家を除き、デジタル方式で写真を撮り、そのデータをネット経由で依頼主（雑誌社等）に送信（納入）することが、今や当たり前の世界になった。また、ネット送信により一般の利用者へ写真データを提供することも同様である。
　このような写真を巡る技術や創作・活用の変化は、当然法律上・契約上の問題を生じさせている。
　また、デジタル・ネット時代に不安を感じている権利者と利用に積極的な利用者の溝は埋まらず、利害対立が深まる傾向さえ見られる。
　権利者の権利を適切に保護する一方で、円滑な流通の促進を図るというのが、デジタル・ネット時代の最大の課題である。
　本稿では、紙面の制約もあることから、いくつかの課題について問題の指摘にとどめるが、特に権利者側は、自分たちの権利は自分たちで守るという気概を持って、これらの課題に取り組んでいってほしい。

ア　違法流通対策

　音楽、映像、コンピュータソフトなどの著作物は、権利者団体が中心になって、ネット社会に対応するため、各種の調査統計資料の作成、著作権思想の普及活動、違法流通に関する資料収集、摘発などに積極的に取り組んでおり、一定の成果をあげている。ネット時代における違法流通は、流通の主体がプロから一般市民に変化するなど、もはや個々の権利者、個別の事業者等では対応しにくくなってきている。写真も状況は同じである。
　したがって、これから写真に関する権利者団体の果たす役割は益々重

要になっていくと思われる。上記の活動に加え、著作権保護技術や電子透かしによる権利管理情報の活用などの検討にも、必要に応じ、積極的に取り組んでいってほしい。

イ　契約ルールの文書化

　デジタル写真の時代になって、写真の取引きは大きく変化した。写真データは契約に従いネット送信により相手方に提供され、そのデータは写真の利用後も相手のパソコンにとどまることになる。昔のようにフイルム原板の返却という概念はなくなった。

　したがって、そのデータが転用されたり、他に提供されたりするリスクは、以前より増し、トラブルの原因にもなる。

　また、これから電子書籍の時代になろうとする中で、写真の利用形態は劇的に変化する可能性もある。

　このようなビジネス上のトラブルを防止するのは、法律によりルールを定めることも重要ではあるが、民間レベルでは、業界内で契約ルールを定め、それを文書化することである程度対処できる。

　この場合、写真家は通常仕事を依頼されるほうであることから、一般に立場が弱いこと、また法律的な知識がない人が多いことなどから、個人の力ではいかんともしがたいと考えられる。

　したがって、この場合にも、権利者団体が写真家を代表して、契約ルールとその文書化に積極的に取り組む必要がある。

ウ　正規コンテンツの提供と著作権契約の円滑化

　デジタル・ネット時代になって、違法流通の問題が顕在化するが、一方で写真を適法に利用したいという要望も増えている。

　違法流通の問題を解消するためには、特に一般の利用者を対象とする適法な流通システムの提供が欠かせないが、多種多様な写真データを使いやすい方法や適正な価格で提供したり、写真家に関する権利者情報を管理・提供するシステムの構築が必要となる。

　もちろん、写真データの提供については、我が国においても従来から

写真エージェント等が一定の役割を果たしているが、プロから素人へ利用者の裾野が広がりつつある現在、このような状況にも対応できるシステムへの拡大が望まれるところである。

エ　法律問題等の整理・検討

写真の利用の変化に伴い、整理すべき法律問題が生じている。例えば、著作者人格権の問題がある。写真データはデジタルデータであるので、内容の改変が容易である。業界のルールとして、どこまで改変が認められるのか、改変する場合の手続きをどうするのかなどの問題がある。また、著作権法では未公表の写真には展示権（第25条）が認められているが、これは原作品による展示の場合に働き、単なる複製物の場合は権利が働かないことになっている。フイルム原板の時代は撮影の際に作成されたフイルム原板を基準にし、それから焼き増しした写真が原作品と考えられていたが、写真データの時代になって何が原作品か改めて整理する必要が出てきた。さらに、権利制限の一般規定に関する権利者側としての考え方の整理や権利者不明の場合の権利者探索のための支援方策など、多くの問題がある。

このようにデジタル・ネット時代の新たな問題として多くの課題が浮上してきているが、これらの点についても、権利者団体を中心に法律の専門家も交えながら検討を進める必要がある。

8　おわりに

以上のとおり、本稿では写真の保護の変遷について、写真の誕生から今日に至るまで順を追って見てきた。特に興味が持たれるのは、現行法も旧法も、著作物として著作権法で保護するために最低限必要な創作性の内容には、大きな差異はないが、当時は写真技術が未熟であり、そのため用途

にも限りがあったこと等から、旧法では、写真を著作物と認めたものの、創作性の程度を制度設計に反映し、他の著作物に比べて保護のレベルを低く抑えたことである。ただ、これは当時としては世界的な傾向であり、我が国だけの問題ではなかったので、当時の政府を責めるわけにはいかない。

しかし、写真の著作権保護の歴史は、他の著作物とは大きなハンディーを背負いながら出発したことは間違いない。

また、そのことが、写真家にとって、大きな精神的苦痛を伴う課題として現在残っていることも事実である。

先述したように、この課題の解消は非常に難しいと考えられるが、時代はデジタル・ネット時代に移り、写真に関する新たな課題が多数出てきている。これらの問題については、他人任せや傍観をすることなく、今以上に積極的に取り組み、時代を先取りする新しい提案をしていくことが望まれる。

参考資料

三井圭司　東京都写真美術館監修『写真の歴史入門(第1部「誕生」新たな視覚のはじまり)』(新潮社 2005年)

藤村里美　東京都写真美術館監修『写真の歴史入門(第2部「創造」モダンエイジの開幕)』(新潮社 2005年)

多木浩二著　『肖像写真―時代のまなざし』(岩波新書 2007年)

水野錬太郎著　『著作権法要義』(明宝堂・有斐閣 1899年)〈水野　要義〉

榛村専一著　『著作権法概論』(巌松堂 1933年)〈榛村　概論〉

勝本正晃著　『日本著作権法』(巌松堂 1940年)〈勝本　著作権〉

伊藤雅二著　『著作権法上の諸問題』(司法研究報告書第24集3(司法省調査部刊)として作成)(1938年)〈伊藤　諸問題〉

城戸芳彦著　『著作権法研究』(新興音楽出版社 1943年)〈城戸　研究〉

小林尋次著　『現行著作権法の立法理由と解釈』(文部省 1958年)〈小林　理由と解釈〉

夢優美著　『条解著作権』(港出版社 1961年)〈夢　条解〉

山本桂一著　『著作権法』(法律学全集54―Ⅱ)(有斐閣 1969年)〈山本　著作権〉

著作権制度審議会審議記録(一)(文部省 1966年)〈審議記録〉

著作権法百年誌編集委員会編著　『著作権法百年史』(著作権情報センター 2000年)

中川善之助・阿部浩二著 『改訂著作権法』(実用法律学事典)(第一法規出版 1980 年)
加戸守行著 『五訂新版 著作権法逐条講義』(著作権情報センター2006 年)〈加戸逐条〉

*〈 〉内は、脚注表記の際の略称

第二章

Q&Aに学ぶ写真著作権

著作権保護の基本

北村行夫
(虎ノ門総合法律事務所)

著作権の保護は19世紀後半の近代革命に始まる。フランス人権宣言の中に、著作権への言及があるのは偶然ではない。それは、人が生まれながらにして持っている多様性を相互に尊重し、各自固有の感性や理性を自ら育くみ自由に表現することができる社会を作ろうとする以上、それは同時にその表現物を生活の糧にする権利でもあらねばならない。そういう高らかな理想がフランス人権宣言にはたっぷり詰まっている。

反革命の登場でナポレオン・ボナパルトにフランスを追われたビクトル・ユーゴーは、その逆境を利用して亡命先で著作権の国際的な保護同盟を組織するために奔走した。その保護同盟は、今日のベルヌ条約の母胎であり、組織として今日に続く国際著作権法学会(ALAI)の原型であり、おりしも2012年10月ALAI総会が京都で開かれる。

著作権保護の基本は、単純である。

煎じつめれば、他人の創作的な表現(著作物)には法の定める一定の権利が発生し(著作権と著作者人格権)、それを利用するにはその権利者(著作権者)の意思を尊重しなければならない、ということ。

もちろん、著作物とは何かとか、公衆送信権とは何かとか、人格権不行使特約は有効かとか、難しい概念や議論は山ほどある。しかしそれは仕方ない。法律は、解釈を経て現実化するからである。だからといって、著作権法は、法律専門家の独壇場であってはならない。元来著作権とは、泥臭く、生活感あふれる思想である。権利者に無断で、権利を利用すれば、侵害という評価を受けるのは、なにも著作権に限らない。店先からパンを盗めば泥棒と呼ばれるのと同じである。

著作権法は、著作者の権利を定め、権利を守る。民事の損害賠償ばかりか、刑罰まで定めている。そこで著作物の適法な利用のためには権利者が誰で、どんな許諾をとれば適法に利用できるのかを確実に判断する能力が不可欠である。著作権法は、「著作権ドロボー」を許さない。捕まってから「嗚呼無情」と嘆いてもダメなのだ。

Q1 著作権の保護とcopyright表記

Q. ホームページに「copyright」と記載をするだけで、著作権の主張はできるのでしょうか？

A 記載しなくてもそのホームページの著作物は、著作権を行使できます。

我が国の著作権法は、著作物が生まれた瞬間に著作権を取得し、その権利行使に何らの方式を備えることも要求していません。これを無方式主義といいます。

したがって、copyright表記の有無にかかわりなく権利を主張できます。

かつてのアメリカのように我が国と著作権保護条約を結んでいる国の中に、方式主義を取る国があったため、その国で無方式主義の国の著作権を行使するためには、copyright表記を備えていなければなりませんでした。しかし、今やアメリカも含めて大半の国の著作権保護システムが無方式主義に変わったので、この表記は不要となりました。

ただ、権利者を表記することは許諾を求める際などに利便性があるので、権利者側としてもこれを表記する実際上の意味はあるでしょう。

その場合に"All rights reserved."などと複数形になっているのは、著作権の実体が複製権とか翻訳権とかの個々の権利に分かれているためです。上記表示は、それらの中の一部ではなく、全部を持っている権利者という表記です。

Q2 著作権の登録制度

> Q. 著作権法では著作物を創作した時点で著作権が自動的に発生するといわれています。それなのに著作権には登録制度があると聞きました。なんのために著作権の登録制度があり、どこに登録するのでしょうか。

A 確かに我が国の著作権法には、第75条から第78条の2まで登録制度の定めがあります。

しかしこれは、権利行使のために登録が必要なためではなく、いわんや権利発生のための登録でもありません。各規定をご覧になればわかりますが、権利関係をより明確にする便宜のため(第75,76,76条の2)のものと、競合する権利者間の対抗要件という趣旨のもの(第77、78、88条)とからなっています。

前者の例は、ペンネーム等を使っている人が、実名を登録しておく場合です。といいますのは、実名とペンネームとが異なる場合、そのペンネームが実在のある人物に特定できないと保護期間の算定における「死後50年」の死亡を特定できなくなり、その結果、「公表年」を基準とする保護期間になってしまうからです。そうしたことを避ける便宜を与えるのが、この登録制度です。

また、後者の例としては、著作権譲渡の登録です。二重譲渡された場合には、登録の先後で権利関係が決まります。

Q3 出所不明の写真の扱い

> Q. 自分のパソコンやサーバ内に他人が撮影したものであることは確かだが、撮影者がわからない写真がある。この写真を使用するときにはどうすればいいでしょうか？

A その写真が公表された写真である場合でかつ相当程度の努力をしても著作権者を発見できないときは、文化庁長官の裁定を受け、通常の使用料に相当すると認められる金額を供託することにより適法に使用することができます。

しかし、そもそもその写真が公表された写真であることが明らかでない場合や、著作権者を発見するための相当程度の努力を払っていない場合や、裁定を得ておらず供託金を積んでいない場合に無許諾でその写真を使用することは、後日著作権侵害という主張を受ける危険性があります。

Q4 Rawデータと写真著作物

> Q. 未現像の撮影済みフィルムにはまだ著作権が存在しないと聞いたことがあります。デジタルのRawデータには著作権はないのでしょうか？

A 「Rawデータ」が、「データ」と呼ばれるため、これに「データは著作権ではない」という著作権のテーゼを結び付け「Rawデータ」は著作物ではないと直結させる意見があります。しかし、これは間違いです。「Rawデータ」は、記録手段がデジタルという点を除けば、写真家が

被写体、アングル、シャッターチャンス、露出等を選択してシャッターを押し、写真家の思想または感情の創作的な表現をフィルムに記録するのと変わりません。

この点で旧版における解説は、そこに更なるデジタル処理を加えるまでRawデータは、常に著作物ではないとした点で誤りであり、訂正します。

写真家がRawデータを加工した状態で初めて著作物とする場合もありますが、このことはRawデータが常に著作物として未完成状態ということではありません。写真家自身がどの段階を以て著作物の創作行為を確定したというべきかは、要するに写真家が自己の「思想または感情」の「創作的表現として確定した段階」を決定したときであり、その時点で該当Rawデータは著作物となります。

Q5 雑誌社の依頼で撮影した写真を個展に出展する場合

> Q. 料理雑誌の撮影をしました。契約書は特に交わしていないのですが、その写真を使って個展を開きたい旨、編集長に交渉したところ、断られた上、以後の仕事を受けられなくなりました。どのように、訴訟を起こすことができますか？

契約の内容によって、その写真の著作権が譲渡されたか否かで異なってきますし、雑誌発行期間中に写真家が他に利用することに制限があるか否かでも異なってきます。

お尋ねのように契約書がない場合にも、その撮影依頼を受けた経緯その他の事情から、制限の有無を判断しなければなりません。そのような吟味を慎重に行なっても、著作者自身による使用に制限のあるとは認められないときは、あくまでも著作者は雑誌社に対して当該雑誌発行期間限りの独占的な複製を許諾したに過ぎないと解釈され、著作者がそれ以外に使用す

ることについて他人からとやかくいわれる筋合いはありません。

その場合に何らかの訴訟を提起するとすれば、「雑誌社にそのような制限をする権利がないことの確認訴訟」などいくつかの訴訟方法を考えることができますが、そんなことをする必要はありません。もしこちらの判断が間違っていれば、雑誌社がそのような制限があることを自ら主張して提訴し、裁判で立証することになるからです。それまで堂々と使用していればいいだけです。

Q6 職務著作物

Q. 職業写真家に日当を払い雇った場合、そこで生み出される著作物は職務著作にできますか？

A. 職業写真家に単に日当を支払ったというだけでは、当該著作物は、職務著作とはいえません。

職務著作の発生は、「雇い主の発意」に基づいて、「当該雇い主の業務に従事する者」が雇い主の命に基づいて「その職務上作成する」場合であって、かつ「当該著作物の公表を行なう際には当該雇い主の名で公表する」ものについて発生するものです。

いいかえると、雇い主の当該業務において著作物が発生し雇い主の名で発表されることが想定される場合に、そこに雇用その他の関係でその業務に従事している者の作成した著作物は、職務著作として雇い主が著作者になるという規定です。

職業写真家は、日当の支払者から独立した当事者であって、「当該雇い主の業務に従事する者」ではないからです。依頼主が自己の業務に必要な撮影技術を依頼したことに対する対価を支払ったからといって、独立して写真家が雇い主の業務の従事者となるわけではありません。

Q7 写真の著作物と映画の著作物

Q. 写真を使った映像作品は写真の著作物ですか、それとも映画の著作物でしょうか？

A. その写真がどのように用いられているかによって結果が異なります。映画の著作物は、少なくとも視覚的には、動く映像を想定していますので、静止画像としての写真を単に連続的に上映しても、それだけですべてが映画の著作物になるわけではありません。静止画像を用いた場合でも、それらの一コマ一コマの時間的間隔と画像の連続性が、網膜の残像機能と相まってあたかも動いているかのようになるものであれば、それは映画の著作物といえます。

Q8 動画は映画の著作物か

Q. デジタルカメラで「動画」を撮影すると、映画の著作物になりますか？　その場合の著作権者は？

A. 映画の著作物です。撮影者が著作者ですが、映画製作者がいれば、その人が著作権者になります。

Q9 映画の著作物から取り出した1コマ

Q. 映画の著作物から取り出した1コマの著作者は？

A. 写真家が著作者になりますが、著作権者は前項（Q8）によって写真家の場合と映画製作者の場合があることにご注意ください。

Q10 名画の複製写真の著作権

Q. 名画の複製写真は、写真の著作物ですか。

A. あくまでも絵の複製であって、写真の著作物は成立していません。複製行為には創作性がないため、写真撮影によって新たな著作物性は生まれないからです。

　もちろんその撮影に際しては、光の当て方、シャッター速度、光源の選択その他に多大な工夫とノウハウが駆使されるようです。

　しかしそれは、被写体たる絵画のオリジナル性を十全に発揮させるためのものであり、絵画の有する創作的要素をより忠実に再現するための技術に過ぎず、写真がオリジナル以外の創作性を含む余地がないからです。

Q11 外国著作物の使用

Q. 外国の写真家の作品を日本で使用する際、著作権の扱いはどのようになりますか？

A. お尋ねの趣旨は、著作権者から許諾を取ることを当然の前提として、その場合に、日本の著作権法に則っていればいいのか、当該著作者の国の著作権に則っていなければならないのか、というご趣旨の質問と思います。

結論は、日本法に則って許諾の手続きを取ればいいということです。

考え方は以下のとおりです。まず日本国内には、日本の著作権法が適用されます。そして、その日本の著作権法は、外国の著作物も、一定の条件を整えていれば、日本国内で保護されるとしています。これを「保護を受ける著作物」(第6条)という規定にまとめています。

日本国民の著作物が保護されるのは当然です。

それ以外の著作物で保護される著作物の条件には2種類あり、ひとつは、日本国内で最初に発行された著作物は、外国国民であっても保護されます。そうでなく、外国で最初に発行された著作物であっても、日本とその国民の属する国とのあいだに著作権を保護する条約が結ばれている場合には保護され、このいずれかに該当すればよいということです。

そして、この条約には、ベルヌ条約、WTO等著作権を保護する各種の条約があり、当該著作者の属する国が未加盟国でない限り保護されます。いわゆる先進国の中でいずれの著作権保護条約にも関係しない国はありません。保護関係にない国は、ごく少数でイラン、コモロ、キリバス等の10カ国余りに限られています。この情報は(加入者が増える傾向で)年々更新されますので、必要があれば、著作権情報センターに確認されるべきです。

Q12 塀に描かれた落書きの絵の使用

> Q. ウォールアートは、誰かが依頼して描かれたものなのか、勝手に描かれたものなのか、わかりません。このような絵を写真に写して、ホームページに利用することは可能でしょうか。

A その絵が落書きであれなんであれ、また、塀の所有者が誰であるかとか、その者の許可を得たかどうかは美術の著作物の成立とまったく関係がなく、美術の著作物である以上は、著作権法の保護を受けます。

ただそのように一般に公衆に開放されている屋外や建物の外壁や塀のような公衆の見やすいところに恒常的に設置されている美術の原著作物については、著作権者は、原則として他人による著作物利用を禁止することができません。

したがって、著作権者の許可なしにホームページに利用することが可能です。

Q13 スピード写真の著作物性

> Q. 自動スピード写真機で撮影した写真は、著作物になりますか？

A 著作物ではありません。
身分証明書用写真の撮影に用いるいわゆるスピード写真は、シャッタースピードも絞りもライティングも、そして距離さえもあらかじめ一定にして撮影するものです。

したがって、上記のような写真著作物における創作的要素が撮影者(被写体本人)の意思と無関係にあらかじめ決定されているものですから、撮影者の創作性を入れる余地はなく、したがって著作物にはなりません。

Q14 模倣と類似

Q. 見ず知らずの方から、「あなたの写真は私の写真を模倣しており、著作権侵害をしている」といわれた。確かに写真は似ていますが、私はその方の写真を真似しておらず、自分の創意工夫で撮影しています。調べてみると、公表は相手の方のほうが先ですが、撮影日は私のほうが先でした。この場合どうすればいいでしょう。

A. 模倣=複製権侵害が成立するには、相手の著作物に接していることと、創作的な要素が類似していることの2つの要件が必要です。あなたの実感では、「確かに写真は似ている」というのであれば、第2の要件は満たしているように一応思えます。もっとも感覚的な判断で似ているというのはかなり幅が広く、厳密な意味で対象物の創作的要素という点で似ているかどうかはもっと慎重に判断する必要があります。しかしそれは事実認定の問題ですので、これ以上ここでは触れません。

もうひとつの要件である、「相手の著作物に接していること」というのは、自分の撮影に先立って相手の著作物を見たことがあるかです。

そして、このいずれも、権利者として著作権侵害を主張するほうが主張立証しなければなりません。

とはいえ、こちらが十分反証できるかどうかを吟味しておくことは重要です。結果的に両者が似ているということは、接したことがあるのではないかという事実上の推定に近い心証を裁判所に抱かれるおそれがあります。

というのは、著作物の偶然の一致というのは意外に少ないという経験的事実があるからです。そこへ、権利者から補強的な資料が積み上げられるとこの推定に対して有効な反証ができない限り侵害を否定できないというところに追い込まれかねないからです。

この質問の場合には、相手の創作時期と自分の創作時期の前後関係を把握されておられるようですから、その基礎となる事実が確かなら極めて有効な反証になります。しかし、その場合例えば、カメラの日時記録などは機械的な修正ができるので信用力が低く、これに対して当日現場近くのホテルに泊まっていたなどの記録のほうが有力だとかの差がありますから、事実評価は厳しく行なっておくことが必要です。

Q15 テイストや技法の模倣と著作権侵害

Q. 尊敬する写真家のテイストや技法、ほぼすべてを真似て写真撮影し、広告や雑誌に掲載した。著作権法的には問題ありませんか？

A. 被写体やアングル等が同一ないし類似でない場合には、著作権侵害にはなりません。なぜなら、テイストや技法それ自体は、著作物ではないからです。写真の著作物として保護を受けるのは、被写体の選択、アングル等を含む表現全体であり、その要素のひとつであるテイストや技法だけを取り出した場合には、それが極めて重要な構成要素であっても、表現とはいいがたいからです。

例えば、石川賢治さんの月光写真は、余人には真似しがたい技法です。しかしこれを誰かが真似てあるいは独創した類似の技法を用いて、石川さんがいまだ撮影していない被写体を写真撮影した場合に、たとえ多くの人が「石川さんの作品だ」と誤解したとしても、それは石川さんの技法の物

真似ではあっても、石川さんの作品それ自体の模倣ではありませんので、著作権侵害にはならないのです。

Q16 ジャケット写真をさらに撮影した場合

Q. CDのジャケット数枚を無造作に並べて写真撮影したものや、本の表紙の画像を撮影して、ホームページに載せることは著作権侵害でしょうか？

A. 著作権侵害です。
そのような撮影行為は、対象となっているジャケット写真や本の表紙の写真ないしイラストの複製行為にあたるからです。ただし、本の表紙といっても、単にタイトルと目次だけのようなものは、著作物性がないので、著作権侵害にはなりません。

なお、著作権侵害になるからといって、それが直ちに著作権侵害としてのトラブルになるということは別です。むしろ、宣伝してもらってありがたがられることもあるでしょう。このような場合は、法的な追認に近いものです。

Q17 ウィンドウディスプレイと著作権

Q. 街中のウィンドウを撮影した場合、ディスプレイの権利などはどのように考えればいいのでしょうか？

A 当該ディスプレイの著作権を侵害することになります。
ウィンドウディスプレイは、多くの場合著作物性があるといえます。そうなると、それを撮影する行為は著作物の複製行為になります。

著作権法の中には、公開の場所にある美術の著作物の著作権行使を制限する規定がありますが、これは屋外ということを条件としているので、ウィンドウの向こう側のディスプレイはこれにあたりません。

ただ、もともとウィンドウディスプレイは、見られ、注目されるために作られているものなので、これに対して複製権侵害を主張される場合は実際上ほとんどないと思います。

Q18 建築物の著作権

Q. 東京スカイツリーを無許可で撮影することはできますか？

A 無許可で撮影しても著作権侵害にはなりません。
まず、東京スカイツリーは、構築物であり、著作物性もないといえます。仮に建築の著作物だとしても、このようなものは、自由利用できることになっています。ただし、著作物性がある場合、そこから販売目的で絵葉書を作ったりするための撮影はダメです。

Q19 公開の美術の著作物をポストカードにして販売する

Q. アートで有名な観光地で、街中にある彫刻作品を撮影して、ポストカードとして販売することはできますか？

A. 著作権侵害になります。
公開の美術は、これを著作権者の許可なく複製しても著作権を行使されることはないという著作権保護の例外が著作権法に規定されていますが、その例外（著作権保護の例外の例外）として、このような営利目的のためであれば販売が許されないだけでなく、撮影という複製行為自体が違法となります。

Q20 著作物でないものを利用してコンピュータ上で著作物を創作した場合

Q. 他人の撮影した写真で、一般に著作権が発生しないとされる素材写真や単純複写（オリジナル被写体の著作権は考慮しないものとする）したものをコンピュータ上でイメージとして創作した場合、完成したものは一次著作と認められますか？

A. それは、原著作物すなわち一次著作物著作といえます。なぜなら、そのとき初めて創作性が付与され著作物となったからです。

Q21 翻案と複製

Q. 長崎の教会をテーマとして制作した自分の写真集から陰影までそっくりなイラスト絵葉書が発売された。その名前を検索するとホームページにも掲載されていた。かなり高名な画家とのことですが著作権侵害ではないかと話をしたいのですが、どんな手順で話し合いを持てばいいのでしょうか？

A. 単刀直入に内容証明郵便で侵害事実を指摘し、侵害の中止と損害賠償を求めてはいかがでしょうか。

　写真集の写真をイラスト化したので、翻案かもしれませんし、あるいは複製かもしれません。が、最近イラストレーターの人たちが、写真を用いてイラスト化することが通常になってきております。かつてはスケッチしてから書き直しをしていたものが進化したといえます。

　その延長上で、他人の写真を利用して、そこに手を加えイラスト化する人も出てきているのです。自分の写真ならともかく、他人の写真を利用する場合には、写真の著作権者に許諾を取らねば著作権侵害（翻案権侵害か複製権侵害かのいずれか）になることは明らかです。

Q22 引用、転載

Q. 広報誌に市販の図鑑から野鳥の写真と説明文などを抜き出し、図鑑名、出版社名なども表示掲載し、住民に配布していますが、問題がありますか。

A もちろん大いに問題があります。これは、複製権侵害そのものです。国や自治体の広報誌であれ、無償配布物であれ、他人の著作物をその複製物から複製するには複製権者たる著作権者の許諾を要します。

　少なくともこれが引用でないことは明らかです。それは、利用する著作物の内容をその著作物の複製物を使って伝えることそのものであって、利用する著作物に関する批評や研究のための利用ではないからです。

　また転載でもありません。

Q23 同一性保持とトリミング

> Q. 著作者に使用許可を得ている写真著作物を、無許諾でトリミングしていいですか？

　A できません。トリミングするには著作者の同意を要します。なぜなら、トリミングは、原著作物の同一性を害するため、著作者の意に反してこれを行なうことができません。

Q24 二次的著作物

Q. 雑誌に掲載されているとても美しい写真があったので、いくつかの作品をスキャナで取り込み、私なりにレタッチソフト(画像編集ソフト)で組み合わせて(アレンジして)ホームページに載せています。作ったのは私自身だし、アレンジに工夫を加えているので著作権は私にあると思いますが、雑誌社から著作権侵害なのでやめるように警告されてしまいました。著作権は誰にあるのですか？

A. 雑誌社が著作権者か、写真家が著作権者かは別として、あなたの行為は翻案権侵害という著作権侵害です。

おっしゃるように、確かにアレンジを加えたのはあなたですし、そこに創作性があれば、あなたが二次的著作物の著作権を取得することは確かです。

しかしオリジナルに手を加え、創作性を付与すること(翻案)は、原著作物の著作権者にしかできないことです。あなたの翻案行為は、著作権者の翻案権を侵害して行なわれたものです。

Q25 著作権フリーの素材の使用

Q. 著作権フリーのCD-ROM素材集を使って社内報を作ろうと思います。また、その画像をCD-ROMに書き込み配ろうと思います。問題はありますか。

A ご質問の前提として、著作権フリーとされるものが実は、他者の権利を無断で利用しているものである場合が少なくないということに留意する必要があります。この場合には、結局は権利侵害行為です。

そこでそうした心配のない素材の場合についていいますと、社内報を作ることは問題ないでしょうが、書き込みして無償配布する場合は、問題がないかどうか、断言はできません。

要するにこれらのケースへの回答は、当該 CD-ROM の使用条件として、どのような制限がついているかということ次第だということです。仮に営利目的使用以外は自由となっていれば上記 2 つのケースは問題ありません。

Q26 著作物の原作品の所有者と著作物としての利用

> Q. 美術館や個人の収集家から提供してもらった写真を集めて写真展を計画しています。展示の際、入場料を徴収しますが、写真の展示に関し、著作者の許諾が必要ですか？ また図録、ポスター、絵葉書などの販売も考えています。こちらも許諾が必要でしょうか？

A 提供してもらう写真が原作品であり、原作品そのものを展示するのであれば、所有者の同意だけで展示会を開催することができます。これは、所有権と著作権のバランスをとる関係で所有者にこの程度の行為を許すことを法が認めているからです。

しかし、ポスターや絵葉書を販売することまでは許されません。これはあくまでも、著作権者に留保された権利です。

図録については、展示会の観覧者への解説または紹介に必要な程度において冊子を作ることは可能ですが、それが写真集的な精度で印刷されてい

るときは、もはや解説または紹介に必要な程度を超え、著作権者の許諾を要すると解釈されています。

Q27 オークションサイトの画像の著作権

Q. 今度ホームページを作ろうと思っているのですが、Yahoo!やe-Bayなどの海外のオークションサイトの画像は使ってもよいのでしょうか？

A. なんともいえません。
要は、当該オークションの画像販売者が真性な権利者であること、その販売が著作権(送信可能化権)を含んでいるか否かということがポイントです。

無権利者から権利を譲り受けたり、許諾を受け、それを真性なものと信じていたからといって許されるわけではなく、少なくともそうした善意悪意にかかわりなく、差し止め請求権を行使されることは避けられません。また不法行為に基づく損害賠償請求を受ける可能性も否定できません。というのはオークションサイトに無権利者が出品することは少なくない上に、それらに対するサイト運営者の管理は決して十分ではないから、そのようなオークションサイトからの購入をするときには権利関係の確かさに注意を払うのは購入者自身の責任と考えられる余地が十分あるからです。

Q28 ホームページからの複製

Q. 動物写真家です。作品を自分のホームページに掲載していましたが、その写真を使用して量販店のポスターが制作され店内展示されていました。量販店に問い合わせたら、出入りの広告代理店が作成し、持ち込まれたものですが、かわいいので展示したとのこと。著作権侵害として訴訟したいのですが。

A. 広告代理店に対して複製権侵害を理由に差し止めと損害賠償の請求をすることになるでしょう。もちろん、量販店に対してポスターの利用継続を中止するよう求めることもできます。

Q29 教育目的による著作物の自由利用

Q. 学校の卒業アルバム用に撮影した写真を、相談を受けずにウェブや学校案内に使用されてしまい、抗議したところ教育目的に著作権は及ばないといわれました。泣き寝入りしかないのでしょうか？

A. 著作権を譲渡したとか、アルバム以外のいかなる利用も認めるとかの特約でもない限り、泣き寝入りする必要はありません。学校に著作権法の治外法権があるわけではないからです。著作権侵害を理由に使用差し止めや損害賠償を請求することができます。

確かに学校では教育目的のために著作物を利用する機会と必要性が高く、かつ教育は次世代への文化継承という点で公的な性質を持つので、著作権

を一定の場合に自由に利用できるという各種の規定が著作権法の中に定められています。

しかしその行為は特定されており、教育目的なら許されるとか学校なら許されるというような漠然とした広いものではありません。ご質問のような利用を著作権法の中に見出すことはできません。あくまでもそれはアルバムの複製の限りにおいて許諾したに過ぎないからです。

> **Q.** 教育機関の授業で、パソコンを使って紙面のレイアウトを行っている際、ウェブ上の画像をダウンロードしたり、雑誌や印刷物に印刷された写真やイラストをスキャナーで入力(取り込むこと)をしていましたので、「著作権侵害」ではないかと問うと、「教育目的による著作物の自由利用」の範囲内なので問題ないとのことですが、侵害にならないのでしょうか。

A. 著作権侵害にはなりません。
ただし、「教育目的だから自由利用できる」のではなく、「教育を担任する者または教育を受ける者」が「授業で使用する場合」における「許容範囲内の複製」だから許され、本件はそれに該当するからです。

> **Q.** 教育機関の授業で、市販されているテキスト、問題集、新聞等をコピーして学生に配布していました。
> このような行為は、「教育目的による著作物の自由利用」の範囲内なのでしょうか。それとも著作権侵害ですか。

A. 新聞は許されますが、市販のテキストや問題集のコピーは著作権侵害です。

複製の対象は、広いのですが、市販のテキストや問題集は、適法な複製の「許容範囲」に入りません。なぜなら、これらの出版物は、もともと授業においてあるいは教育目的で使用されることを想定して出版されている物だからです。こうした複製は、但し書きで「著作権者の利益を不当に害

することになるもの」として禁止されています。

Q30 複写物の社内配布

Q. 会社の業務に関係する新聞記事の関係部分の切り抜きをコピーして関係職員に配布することは、著作権の問題がありますか。

A. 複製権侵害ですので問題があります。
著作権法が、これにもっとも近いケースについて設けている制限規定は、私的複製です。しかしこの規定は、個人的にまたは家庭内その他これに準ずる限られた範囲内において使用することを目的とする複製を容認するに過ぎません。

会社は、その規模の大小を問わずそのいずれにもあたりません。

Q31 写真のタイトルとその英訳

Q. インターネット上で、他人の写真や絵画を海外に紹介したいのですが、タイトルを英訳する必要があります。その人が、日本語の題名しかつけていない場合は、本人に確認を取らないといけないでしょうか？

A. 原タイトルの意味を変更しないなら著者に断りなしに英訳しても著作権法上は問題ありません。が、通常は、著者に確認するでしょう

し、そのほうが、後々のクレームを避ける意味でも賢明です。

あなたの悩みは、タイトルを変えるわけではないので、著作権法に触れないような気もするし、変な英訳にすると作品の品位を傷つけることにもなるので了解を取らないといけない気がするという点にあろうかと思います。

しかしそもそも、タイトルは著作物ではありません。

ただ、著作者は題号の同一性を保持する権利を有しています。したがって、外国への公開に際して翻訳することはやむを得ない翻訳行為であり、日本語の意味と外国語の意味とが同一であればこの同一性保持権は守られているといえましょう。

Q32 EXIF情報

Q. 先日購入したデジタルカメラのメニューの中に「著作権情報添付」という項目がありましたが、具体的にはどのようなものなのでしょうか？

デジタルカメラで撮影した画像に撮影者名と著作権者名の「著作権情報」をメタ情報として添付する機能です。

デジタルカメラを使って撮影するとメモリーカード等の記録媒体には画像データが記録されますが、同時に撮影条件に関する情報(撮影日時、機種名、シャッタースピード、絞り値、ISO感度等)も付加的に記録されるようになっています。この規格をEXIF（エグジフもしくはイグジフ）と呼び、当初より「著作権情報」も記録できるように規格化されていましたが、実際に記録可能なカメラが登場したのは2008年になってからです。

※現在はNikon、Canon、Pentax、Olympus（機能搭載順）から発売されている主力デジタルカメラが「著作権情報添付」に対応しています。

この「著作権情報添付」機能を利用することによって、自分の撮影した写真に「名札を付け」、デジタル画像の独り歩き、無断使用などの著作権侵害を未然に防止できます。

ただ、EXIF は画像データに付随して記録される単純な付加的なデータですので、たとえ著作権情報等が記録されたファイルであっても撮影後の編集によって改竄できてしまうという欠点があります。

しかし、このような現在の EXIF 規格であっても、著作権侵害の抑止力のひとつであることに違いなく、多くの写真家がこの機能を積極的に利用することによって、「書き換えができない」より強固な仕組みの開発へのステップとなることが望まれます。

※ 2012 年現在

掲載メーカーの発売するすべてのカメラが「著作権情報添付」に対応しているわけではありません。対応カメラや操作方法は各カメラメーカーで確認してください。

Q33 著作権違反の罰則

Q. 著作権法違反にはどのような罰則があるのですか。刑事罰以外にどんな責任を負いますか。

A 著作権法は、著作権侵害に対して民事上のペナルティと、刑事上のペナルティとを定めています。

民事上の責任には、損害賠償請求権、差し止め等の請求権、名誉回復措置の請求権があり、刑事上の責任には最長で 10 年の懲役もしくは最大で 1000 万円の罰金（法人の場合は最大 3 億円）という重い刑罰が定められています。

Q34 保護期間

Q. 私の父が保管していた昭和20年代前半発行の『朝日グラフ』と思われる記事の切り抜きから原爆投下直後の広島の写真を使って外国向けホームページを作り原爆の悲惨さを紹介したいのですが、これらの写真をスキャナで読みとり無断で使用すると著作権侵害になるのでしょうか？

A. 著作権侵害にはなりません。
写真の著作権の保護期間が過ぎており、著作権はパブリックドメインになっているからです。この写真を利用することは自由です。

Q35 外国の保護期間と日本の保護期間に差がある場合

Q. 原則的保護期間が死後25年の国の著作物を我が国で保護する場合、死後50年保護する必要がありますか？

A. ありません。
著作権保護の原則の中に内国民待遇の原則があるので、多少気になるかもしれません。というのは、外国の著作物も我が国の国民に与えられる著作権保護と同じ扱いをすることが求められるからです。

しかし一方、条約は相互主義の精神に基づいており、相手国での保護が当該国の保護期間より短いときには、短いほうの期間保護すれば足りるということになっているからです。

フォトジャーナリズムと写真著作権

花井 尊
(東京写真記者協会前事務局長)

「フォトジャーナリズムと写真著作権」とタイトルは仰々しいですが、「写真著作権」は文字どおり写真に関する著作権のこと、では「フォトジャーナリズムとは」と問われ、突きつめていったら、これまた本が一冊書けるくらいの分量が必要です。ここでは、職業上の倫理感を持って、写真による時事的な事実の報道をする。要するに、ニュースを早く、正確に、わかりやすく国民に伝え、また問題提起をする。これを定義として、フォトジャーナリズムにかかわる写真著作権を考えます。

写真にかかわる仕事をしている人たちを、たとえば新聞社、通信社などの企業に所属するスタッフフォトグラファー(写真記者、スタッフカメラマン、企業カメラマン)と、独立して取材活動をしているフリーランスフォトグラファー(フリーフォトジャーナリスト)に分けて、写真著作権についてそれぞれ考えてみましょう。

時代を記録するという撮影行為は、写真の表現方法が違うにしろスタッフフォトグラファー(以下スタッフ)もフリーランスフォトグラファー(以下フリー)も同じですが、それぞれの著作権がどこに帰属するかという点では異なります。まずスタッフの場合は、後の「Q&A」で詳しく述べますが、職務上撮影した写真は、一般に、著作権法第15条(法人著作)や勤務規則などの契約に基づき、使用者である法人が著作権を持ちます。

紙面に掲載されなかった画像データの著作権も新聞社、通信社にあります。一般的に署名の有無、公表、未公表は考慮されません。

では、フリーの場合の著作権について考えてみます。契約で違ってきますが、一般的にフリーが取材活動で撮った著作物は、自動的に自分の写真を守る唯一の財産権としての著作権が発生します。また著作者人格権(一身専属権)で、写真の公表権、氏名表示権、同一性保持権が守られます。同一性保持権が守られるとは、たとえば出版社などが、写真を勝手にトリミング、改変してはいけないことです。

しかしながらフリーの写真家の現状はどうかというと、多くは出版界のこれまでの慣例に沿うことが多く、欧米諸国のように事前に契約書を交わすことも、金額を交渉することも少ないようです。

以下の「Q&A」は、主に新聞、雑誌、テレビに載った写真、載せたい写真の著作関連を中心に展開しました。

Q36 新聞社の記事や写真の著作権

Q. 新聞社の記者が書いた記事やカメラマンの写真の著作権は、記者やカメラマンが持っているのですか？

A. 社員が職務上の取材活動で作成された著作物のうち、法人が自己の著作の名義の下に公表するものの著作権は個人ではなく「法人著作」として新聞社、通信社にあります(第15条)。当該法人は著作権者であると同時に著作者人格権を持つことになります。一般的には、勤務規則により、職務行為として執筆した記事、撮影した写真の著作権は、署名の有無、公表、未公表の別を問わず新聞社、通信社に帰属します。また、その新聞社、通信社の許諾があれば、社外の用途に職務上の著作物が利用されることもあります。派遣社員の場合どうかといえば、基本的には派遣元の勤務規則に服しますが、一般的には派遣先の規則に準ずる定めがあることが多く、勤務規則が正社員と同じように適用されることが多いでしょう。また、具体的な話ですが、新聞社のカメラマンが、職務上撮影した写真を知人などにプレゼントしても「記念写真」として相手が手元に置いておくことは許されても、ブログや雑誌、同人誌などに勝手に使えない旨を伝えておくことも必要です。

Q37 報道写真の自由利用

Q. 新聞紙面に掲載されている報道目的の写真は、自由利用できるなどと聞いたことがありますが、具体的にどのようなことですか。すべてでしょうか。

A. 新聞紙面の写真は原則、法人著作で新聞社に著作権があります。「時事の事件の報道のための利用」(第41条)は「写真(中略)によって時事の事件を報道する場合には、当該事件を構成し、又は当該事件の過程において見られ、(中略)報道の目的上正当な範囲内において、複製し、及び当該事件の報道に伴って利用することができる」となっています。たとえば絵画の盗難記事に盗まれた絵をカット写真として掲載したり、「やらせ疑惑」のテレビ番組なら、その問題シーンの画像が使えます。美術館で事件があったとき、館内の状況を美術品も一緒に写真に撮ったとしても「正当な範囲内」なら問題ありません。

Q38 新聞社のホームページの写真や記事の使用

Q. 編集者や個人が、雑誌やブログなどに新聞社のホームページの記事や写真を使おうとしたとき、許諾は必要ですか?

A. ホームページ全般に著作権が働きますので、無断使用すると著作権侵害になります。転載する場合は、ホームページの運営者や著作権者の許諾が必要となります。たとえ「無断使用禁止」「転載禁止」などの表示がなくても私的使用などの例外を除けば著作権侵害となります。ただ

し、「引用」（第32条）や「時事の事件の報道のための利用」（41条）に該当する場合は許諾を求める必要はありません。

Q39 他社のカメラマンの報道写真の利用

Q. 時事の事件報道のために写真など(著作物)を利用することは認められているようですが、他社のカメラマンが撮った火山噴火の決定的写真であっても、報道のためであれば無許可で利用することができるのですか。

A. 無許可では利用できません。火山噴火が時事の事件でも、それを撮影した写真自体は時事の事件を構成しているわけではないので、許諾をもらってから初めて利用できます。たとえばテレビで放送する場合は、撮影した新聞社の許諾が必要です。逆にテレビからその画面を複写して新聞紙面に利用するときは、テレビ局の許諾が必要です。そのとき、放映しているテレビ局自身が独自に撮影したものか、他のテレビ局が撮影したものを何らかの権利を得て放映しているのか、著作権が複雑に絡んでいる場合もありますので特に注意が必要です。

Q40 報道写真の再利用

Q. 事件事故の写真を雑誌で再利用するとき、写っている人の肖像権は問題になりますか。

A 事件、事故等のすでに公表された報道写真を、しばらくしてから再利用する場合、問題になるケースがあり、十分配慮しなければなりません。たとえば大震災発生当時は、被災者を報道する公益性が高いものでも、発生から一カ月後などに再利用したとき、写っている被写体本人は「当時のことを忘れたいと思っていたのに」とクレームがつくこともあり得ます。報道することの公益性と写っている人の肖像権のどちらが優先するかが問われます。写真を撮られた人の我慢すべき限度を超えていないと判断できれば、報道目的の観点から違法ではないとする考え方が一般的です。

Q41 新聞の写真のコピー

> **Q.** 数種類の新聞紙面から関連する記事、写真を切り抜いてコピーし、それを顧客や読者に配布、提供する場合、どのような問題点がありますか。

A 著作物に該当しないのは事実のみを知らせる雑報記事のことで、それ以外の新聞の記事、写真には著作権があります。無断でコピーして顧客や読者にサービスすれば著作権(複製権)侵害です。例外として、1)私的使用や教育上の利用など、著作権法により、著作権者の権利が制限されている場合(第31条以下)、2)著作権の保護期間が過ぎたものは著作者の許諾なしにコピーが許されます。また時事問題の論説は原則許可なしで転載できます。

Q42 ニュースの要約を他媒体で紹介する場合

Q. 報道されたニュース内容を、要約した記事と写真を使って他の媒体で紹介することは認められるでしょうか。

A. ニュース報道として新聞や雑誌に載った記事や写真にも著作権があります。原則、著作権者の許諾が必要です。繰り返しになりますが、新聞社や雑誌社に属する記者が職務上書いた記事は法人著作ですので、著作権は新聞社、雑誌社にあります。使用許可は新聞社や雑誌社からもらわなければなりません。ただし著作権が制限される行為のひとつに引用があります。しかし引用するには、1)引用する著作物がすでに公表されたものであること、2)公正な慣行に合致すること、3)報道、批評、研究その他の目的上、正当な範囲であること。これらをクリアしたうえで、イ)引用部分が、それ以外の部分と明瞭に区別されていること、ロ)利用する側の文章が主で、利用される側の文章が従であること、ハ)引用を行う必然性があること、などがはっきりしておれば著作者に無断で引用しても著作権侵害にはなりません。ただし、要約したことによって元の記事を読まなくても内容がわかる場合には「翻案」にあたります。どの部分を要約したのか著作者に提示した上で、許諾を得るようにしなければなりません。

Q43 交通事故の写真をブログにアップする場合

Q. 街を歩いていたら目の前で交通事故が起きました。携帯で撮ってブログにアップしてはいけないのですか。

A　報道目的でない自分のブログに事件事故報道といって勝手に載せることは問題があります。交通事故の当事者たちの肖像権や名誉権など人権にかかわる問題が発生しますので慎重になるべきです。

Q44 犯罪報道の顔写真の二次利用

Q. 犯罪報道の顔写真などを二次利用するときは、どのような点に配慮したらいいでしょうか。

A　最初、報道する時点で「報道目的」が通用しても、時間が経過してから二次利用するときは「公共の利益」の理由は薄れてきます。最高裁は1994年判決で容疑者が真犯人であっても「服役を終えた後は、更生という利益が優先されるべきで正当な理由なく前科を報道すべきではない」という趣旨の判決を出しています。この判決で「事件自体の報道に歴史的または社会的な意義が認められる場合」「社会的活動の性質や社会に及ぼす影響力により社会的活動の批判や評価につながる場合」「公職にある人の適否の判断材料になる場合」の3点は前科について報道が許されています。

Q45 テレビ画面を写真に撮って使用する場合

Q. テレビ画面を写真に撮って、新聞紙面や雑誌のグラビアやページ中に使うときは許諾が必要ですか？

A 必要です。テレビ画面だからといって自由に使っていいわけではありません。使うときは各テレビ局に了承してもらい、たとえばNHKの画面から複製したなら、NHKに連絡して許諾を受け、「NHKから」などとテレビ局名を入れることも必要です。

Q46 区の広報誌

Q. 区の広報誌に新聞掲載の時事の論説と写真をそっくり掲載し、住民に配布しましたが、問題がありますか。

A 新聞に掲載された時事問題の論説は、「転載禁止」などの表示がなければ広報誌に転載できます(第39条)。この場合、転載した記事の出所も明示する必要があります(第48条)。しかし、写真は勝手に転載できません。新聞社に了解をとらず無断で掲載すると著作権の侵害となります。なお、評論家、ジャーナリストなどの論説記事や社説以外の新聞記事は、その人の許可が必要です。

Q47 昔の新聞の記事や写真を使用する場合

Q. 区政50年を記念して郷土史を編纂する予定です。区政開始当初の頃の新聞記事や写真を使用したいのですが、新聞社に許諾を得なければならないでしょうか。

A 過去の新聞記事や写真にも著作権があります。著作権法では、著作権の存続期間は、著作者の死後50年(第51条)、法人の場合は公表後50年(第53条)となっています。保護期間の計算方法は、著作者が死亡した日、公表された日のそれぞれ属する年の翌年から起算します。区政50年を記念する郷土史ですから保護期間が微妙なところで注意が必要です。保護期間内ならば新聞社の許諾が必要です。

Q48 プロジェクターでの投影

Q. 他人の作成した写真や資料などを講演会でプロジェクターを使って投影して利用したい。このような場合、著作者の許諾なしで利用できますか。

A 資料として新聞や雑誌を許諾なしでプロジェクターで利用するときは、法律上は上映権(第22条の2)の侵害になります。新聞社、雑誌社に許可を求める必要があります。ただし、公表された著作物で、営利目的でなく、無料かつ無報酬の場合は例外です(第38条1項)。コピーしてプロジェクターで投影した場合は、さらに複製権侵害(第21条)となり、非営利であっても例外とはなりません。

Q49 ボートレースの写真を新聞に投稿する場合

Q. 伝統の大学レガッタ競漕で強風のためA大学のボートが横波を受け転覆、波間に漂うボートと選手の表情を望遠レンズで撮影しました。新聞に投稿したいのですが、問題がありますでしょうか。ボートも選手の顔もはっきりわかります。

A. 問題はありません。ただし、新聞社側は、「読者撮影の新聞写真」として事件事故の第一報ニュース写真として扱うことを考えますが、ニュースの大きさ、肖像権、プライバシーなどを考慮して紙面化するかどうかを判断するのが一般的です。

Q50 スキーの写真を雑誌に投稿する場合

Q. 全日本大学スラローム競技選手権が開催されました。出場選手はすべてアマチュアでプロ選手は参加していません。選手たちのダイナミックな姿をシルエット気味に捉えることができました。スキー雑誌などに投稿してもいいですか。

A. 競技として繰り広げている大学選手権ですので、本来は主催者側の許可をもらって撮影するほうがいいでしょう。報道目的で撮影していないので一般的には、撮った写真を許諾なしで雑誌社などに投稿することはやめたほうがいいでしょう。

出版と写真著作権

大亀哲郎
(日本ユニ著作権センター著作権実務相談員)

このコーナーでは、出版と写真著作権について解き明かします。写真を発表する場として、重要な一角を占めるのが出版物です。その写真が掲載される出版を担う人は誰か？写真を中核にすえてみれば、写真を撮った写真家と、本を刊行するために必要な業務に取り組む編集者がいます。

立場でとらえれば、写真の著作物を創作した著作権者としての写真家と、写真を利用して印刷物を中心に紙面で公開することで発行責任を持つ出版社。両者は、こうもいえます。

本章では、出版物で使用される事例をＱ＆Ａで示して、写真著作権について考えます。出版活動にかかわる写真家のために、出版を担う出版社の想いも伝えつつ、実践的に役立つ情報を提供します。

〈解説ポイント〉

①**写真を創作的に撮影した人に発生する、著作権が出発点！** 写真家が撮影し出版利用された写真自体の著作権は、その写真家にあります。出版社には写真の著作権はありません。そこで、写真家は権利者として著作物で収益を得るためには、今やデジタル展開も視野に入れて、著作権に関する基本的な知識で理論武装することが必要です。

②**出版編集者が口にする説明が意味するものは？ その背景事情を知っておこう！** 出版物といえば、今や雑誌、書籍、電子出版物と並び立ちます。これらには著作物という視点でみれば言語、美術そして写真など多くの権利が束になり、編集されています。編集者はこれらの権利の交通整理を行っています。その延長上で出版サイドが口にする権利、編集著作権、出版権等についても、その一端を紹介します。

③**いちばんたいせつなのは写真使用条件の合意。出版社との契約で遠慮は禁物！** 本章でも取り上げる多くのトラブルの源は、写真の使用条件が曖昧なこと。写真家は、初めて出版社と仕事を始めるとき、疑問に思ったことは尋ね、合意条件を文書化すること。さらに契約書の締結を目指しましょう。

Q51 写真のクレジット

Q. 編集者の指示のもと、ある本の表紙の撮影をしました。できあがった本を見てみると、写真を撮ったのは自分であるはずなのに、撮影者に編集者の名前が入っていました。これは私の著作物だからおかしいのではないでしょうか？

A. 撮影者は写真家だったのに、撮影者が編集者の名前に入れ替わり写真家の名前が表示されていなかったならば、著作者の氏名表示権の無視、完全に著作者人格権の侵害です。

この質問者の直面した状況からは、本を制作した関係者の名前が列記されるクレジット表記欄の記載についての疑問を発しているように思えます。この写真家は表紙だけではなく、本文のページの写真撮影も行なっていたのでしょうか？　結局、撮影者として編集者名も付記されていたようですが、事前も事後も写真家に説明がないようなので、出版社の編集者はたいへん不誠実な態度をとっています。

1冊の本の刊行を企画し、制作陣をまとめて発行する原動力になるのは、出版社ですが、著作権ルールを無視することはできません。関係者クレジット表記について、ある原則を設けているならば、書籍の撮影、執筆など制作にかかわったすべての関係者の合意を得ることがたいせつです。出版社の関与には創作的な部分があって著作権が成立するとの判断があり、出版した本において著作権を関係者と共有するという意向があるならば、事前にその意思を表明しなくてはいけません。全員の合意を得ていない限り、トラブルの発生源になってしまいます。

Q.52 「版権」について

Q. 「版権」という言葉を出版業界や写真コンテストの応募規定などで聞きますが、何を意味するのでしょうか。

A. 「版権」という言葉については、歴史的な経緯を知っておくことがたいせつです。この言葉は、現行の著作権法で定義され使われている用語ではありません。出版業界においては、1875(明治8)年までさかのぼることになりますが「出版条例」で「版権」と名づけられ「図書を著作し、または外国の図書を翻訳して出版する者を30年間保護する」と、この言葉が出現しました。1887(明治20)年には、出版取り締まりの「出版条例」とは別に、著作者を保護するために「版権条例」が制定されました(阿部浩二『著作権とその周辺』日本評論社より)。

また、同じ明治20年に、それまでの「写真条例」も改正され「写真版権条例」が制定されました。出願登録した写真は10年間の「写真版権」が認められましたが、他人の委嘱を受けて写した写真の版権は、その委嘱者に属すると規定されました。しかし、いずれも1899(明治32)年、日本初の著作権法制定時(旧法)に「版権」の考えを改め「著作権」が規定され、「版権」という言葉は廃止されています。

歴史的には、以上のように出版や写真に関する著作権用語としてありました。旧い世代の方なら記憶があるでしょう。本の奥付に「版権所有」と記載され、著作者、発行者、印刷者等の住所、名前が連記されていました。

しかし、現在は著作権の意味で使われることが多いのですが、考えが違う版権を使うべきではありません。また、出版社が「出版に関するある種の権利」が存在するという意味で使う場合もありますが、著作権の譲渡があるのか、使用許諾の範囲なのか、出版権を設定したということなのか、出版内容の利用権限があるということなのか、明確でないので、その意味からも版権という言葉を使うべきではありません。

Q53 著作権と編集権

Q. 写真撮影を編集者同行で行ないました。雑誌には編集方針があるということで、いろいろ指示を受けました。できあがった写真の著作権は、私にあるはずです。不本意な仕上がりにはしたくありません。出版社には「編集権」があるといわれました。著作権とどちらが優先されるのでしょうか？

A どちらが優位だと比べることができるものではありません。写真家は、著作権の主張を続けることには、何の問題もなく、その意味で引き下がる必要はありません。

著作権は、著作権法に定義づけされ、法の支えによってその権利を持つ人が実効的な利益を得ることが保証されています。

出版社が編集権を口にする場合、憲法に規定がある「言論の自由、出版の自由」に基づく権利なのか、雑誌、書籍を刊行する「発意と責任」を意味するのか、単なる編集方針という雑誌作りのアイディアの程度なのか、いろいろな意味があります。

しかし、憲法上の権利であっても著作者の権利を侵害しない限度で編集権を行使できるにすぎません。したがって、著作権を侵害しない範囲でその著作物を選択するか否か、決定する権利が編集権です。

編集者が一人の写真家に取材現場で「編集権」と口にする場合は、広く社会に、出版の意味をアピールしている場面ではありません。編集部の姿勢を示しているのだと頭に入れて、仕事の注文を出しているクライアントとして、丁寧につきあえばよいことです。

Q54 文化庁供託金

Q. 以前に自分が出した写真集が、いつのまにか別の版元からタイトルを変えて出版されていました。問い合わせてみると、権利者と連絡がとれず、前の出版社ももうないので、文化庁に供託金を支払い出版したとのことでした。自分としては金額に納得がいかないので、さらに請求したいと思いますが、できますか？

A. 増額については交渉事項で、もちろん要求できます。出版社に定額払いか、発行部数あるいは売上部数に基づく印税か、著作物使用料の支払い方法について確認することが大事です。売上印税では、初回支払いは補償金となっています。どういう方法で売上部数報告を行ない、今後の支払いが行なわれるのかきちんと問いましょう。

　とにかく、どんな支払い方法だろうと、発行部数が何部なのかこれをはっきり聞くことがたいせつです。定価×発行部数が全体的な出版規模です。著作者の人数が複数ならば分け合うことになりますが、総計して最大10％以内が、一般的な印税範囲となります。

　さて、著作権者不明の場合の出版に関する手続きです。出版社は、著作者の調査を進め、インターネットの調査広告掲載（自社HPと共に著作権情報センターへのリンクを貼る）を行なうことが、必要とされています。そして2カ月経過しても判明しない場合は、文化庁へ相談し、裁定申請、補償額の決定を経て、最寄りの法務省の供託機関へ補償金を供託することで、出版は可能になります。

　この補償額を算定した基準は出版社が出した資料に基づいていました。しかし、権利者が判明したことで文化庁の裁定手続きを離れ、双方の合意形成のテーブルに戻ったことになります。また、この供託金は著作権者本人が、供託所で受け取ることも可能です。

Q55 美術品の写真の報道使用

Q. 美術館に展示されていた彫刻品が、盗難にあったと新聞で報じられていました。記事に掲載された写真を見ると、私が以前かかわった、美術全集の写真が無断で使われていました。何もその新聞社はいってきませんが、こんなことは許されるのでしょうか?

A 著作権法には、使用目的が限定されますが、著作権者が権利の主張をできないことがあります。この場合は、報道目的で著作物を利用することであり、これもそのひとつです。

著作権法第41条に「時事の事件の報道のための利用」という規定があります。「写真、映画、放送その他の方法によって時事の事件を報道する場合」は、報道の目的があれば他人の著作物を、権利者の許可を得ないで使うことができるとあります。

①著作物の盗作事件、海賊版販売事件など著作権侵害を報ずるとき、②有名美術品の盗難事件を報ずるとき、③事件や話題を報道する情景映像の背後に、美術的な著作物が写り込んでしまったり、音楽が音声として入り込んだりしてしまった場合、以上のような例を示すことができます。質問者のケースは②ということになります。

報道目的の利用は、印刷物での利用にはとどまりません。条文には利用方法の限定はありません。放送することも、ホームページなどインターネット上で報ずることも含まれます。

今回は新聞社から何も通知がないとしても、写真家は苦情をいうことはできません。

Q56 作品募集の応募要項

> **Q.** ある雑誌が公募で作品募集をやっています。写真などの応募作品について、応募作品の返却がないこと、入賞作品の出版権、映像化権等は出版社に帰属すること、該当の権利料は賞金に含まれること、以上のようなことが応募要項に書いてあります。これは、自分が自分の応募作品を他では使えないということですか？

A 出版社が伝えている条件は、あくまでも授賞作品に対してです。もし、入選発表がその雑誌に掲載され、選外になったことがわかった場合は、その日から、自分の作品は自由に使えます。ただし、紙焼きなど応募した作品の返却はありませんから、オリジナル原稿は応募後もきちんと保管しておくことが必要です。

入賞作品は、その後、出版社のイベントで使われたり、出版・映画化されたりすることが考えられます。ただし、その場合は、編集者などから確認の連絡等が入るはずです。その際に応募条件については「事前了解」がされているということで始まっていますので、応募者は提示条件に変更がない限り、反対することはできません。

なお、出版社は円滑に業務を進めるために「出版契約」などの締結を求めてくることが想定されます。そのとき、応募条件にはなかった「入選作の著作権の譲渡」などが提案されることもあります。契約は双方合意が条件ですから、もちろん No! ということはできます。

Q57 デジタル利用許諾契約書

> Q. 出版社から電子出版を目的に「デジタル利用許諾契約書」が送られ、サインを求められています。契約項目の中に、デジタル利用のための「やむを得ない改変」は認めてほしいとあります。これは、どういうことでしょうか?

A 出版社が心配していることは、紙の本を制作するために使用した写真について、元の印刷データを配信データに変換する際に、技術的な理由による変化が生じることのリスクです。

デジタル閲覧端末でユーザーが本を読む場合、端末の画面サイズ、濃淡・発色などの階調によって、紙の本の仕上がりとは異なった状況になることが想定されます。文字と比べても、写真やイラストなどの画像については、影響が大きいといえます。オリジナル原稿との微妙な差異が出ることの了解を、事前に契約書で求めているわけです。

著作権者が持つ著作権には、著作者人格権という要素もあります。その中のひとつに「同一性保持権」という権利が規定されています。写真家が撮った写真作品について、オリジナル原稿を、著作物の利用者が勝手に変更、切除、改変することは許されません。出版社はこの権利について、幅広い利用を背景に、事前に、やむを得ない改変については了解してくださいと、許諾を求めています。

これは、あくまでもやむを得ないものであることが条件です。紙の本の使用状況と比べて、勝手にトリミングされていたり、色が変えられていたりした場合は、契約の条件が守られていないことを理由に、出版社に同一性保持権を主張することができます。

Q58 写真の電子出版

Q. 自分の写真が使われている書籍を、出版社が電子出版したいといってきました。これは、写真の再使用で、その使用料を請求できますか？

A 使用料を請求できます。書籍で使われた写真がもう一度掲載されるという意味では、再使用ですが、権利的に見れば、新たな使用だからです。

著作権の権利を細分化してみれば、最初に刊行された、書籍での使用は、著作権のうち「複製権」に基づく出版使用でした。印刷されて有形的に再製されたことは、写真家が持つ著作権を構成する一部分、複製権について、写真家が出版社に利用許諾を行なったことから、出版が可能になったということになります。この複製権の使用について、出版社は支払いを行ないました。

それでは、電子出版はどうなるのでしょうか？ これは、「送信可能化権」「公衆送信権」の問題になります。この出版社が許可を求めてきたのは、デジタル使用をしてよいかという請求でした。写真の著作物をデジタル複製して、送信ができるようにサーバーなどに記録させること（送信可能化権）、そして、ネット上に公開してアクセスしてきた人々が誰でも見ることができるようにすること（公衆送信権）、これらの了解を得ない限り、出版社は電子出版ができません。

ですから、これは著作権の中の別の区分の権利の使用となります。出版社は、写真家と話し合い、写真の再使用とはいえ新たな権利に基づくことなので、別途支払うという前提でデジタル使用の合意を得る必要があります。

Q59 出版社が経費をすべて負担した場合の著作権

Q. 出版社やクライアントがすべての取材費や撮影経費を負担した場合には、写真家の著作権は、どうなりますか？

A. 著作物発生の時点で、写真の著作物ならば写真家が著作者となります。この場合、写真家が心配しているのは、クライアントが取材経費や、撮影作品の材料費、照明機材費、スタジオ使用料などを支払ったときその権利を譲渡したことにならないか、という点です。このような仕事受注のとき、撮影された写真の著作権の取り扱いについて、きちんとそのことを確認することがたいせつです。

これらは、契約の問題といえます。クライアントがきちんと仕事発注書を用意し、書面上に写真使用条件を記載したものを手渡してくれれば、事前に条件がわかります。そこで、条件内容の交渉をすること、著作権の帰属に問題があれば仕事を断ることも可能になります。なお、口頭での説明でも、契約としては有効になります。写真家は、その場合は、きちんと内容をメモし、その日付と誰からどのような説明を受けたかを明らかにしておきましょう。後にトラブルとなったときの証明材料に役立ちます。

費用を全面的に支払ったクライアントは、「著作権を買い取った」かのような発言をする場合があります。しかし、著作権を譲渡する契約を交わさない限り、通常は単なる使用許諾と推定できます。なお、クライアントの条件は写真家から見れば、自分の著作権が制限されるような内容であることが多いものです。契約は双方が合意できれば、法律違反の内容ではない限り確定します。内容を吟味し、承服できるかどうかを判断し、対処しましょう。

> Q. 大手出版社の依頼で、旅行誌のムック版の撮影をしました。すべての取材経費(交通費、宿泊費、フィルム代、現像代等)の負担は、出版社でした。出版にあたっては写真原板(ネガ・ポジ)をすべて、出版社の編集担当者に預けました。出版後、写真の返却を求めましたが、すべての経費負担をしているから、写真の所有権は当社にあり、返却はしないとのことです。撮影者の著作権はどうなるのでしょう。

A 著作権は撮影者である写真家が著作権譲渡を行なわない限り、写真家のものです。所有権に関しては、写真家が同意した場合には、出版社の主張が成立する場合もあります。

今回のケースは、事前の合意がどうだったのかが問われます。出版社は全経費を払うことを理由に、写真の所有権が自社に移転することの了解を写真家から得ていたでしょうか？ 逆に写真家は、写真原板をすべて渡したときに、返却を求めることをどのように出版社に伝えたのでしょうか？

事前に条件を決めていなかったことが、混乱の原因です。出版社が所有権を主張できる理由は、撮影交渉をすべて行い写真使用許諾が自社の利用に限られていること、取材経費などすべての支払いを行なうことなどです。写真の所有権を得て写真の保管を自社が行ない、再利用をする場合は写真家へ著作物使用料の支払いを行なうことなどについて、写真家から事前に同意を受けない限り、写真を返さないとはいえません。

写真家は、念のために写真引き渡し時に伝えておくべきだったかもしれません。その申し出があれば、返却の有無と時期、写真家が作品再利用を行なう場合の出版社名をクレジット表記する条件などが確認ができました。しかし、もし出版者が撮影の費用を負担していないときには、写真家は、そのコスト分を含めた撮影費を要求するので、結局、その費用を出版者が負担していることは、写真家の写真の所有権を否定する理由にはなりません。

Q60 編集者の指示で撮影した写真の著作権

Q. 雑誌の企画で写真撮影を依頼されました。撮影場所には編集者が同行し、構図などについて細かい指示を受けました。写真が完成し届けたところ、この写真は指示どおり撮ったものだから、写真の著作権は出版社にあるといわれました。そうなのですか？

A この編集者の言い分は「出版社も写真の著作権を持つ」というところにあるように思われます。しかし、どんな撮影状況にあろうと、最終的にカメラのシャッターを押した写真家の著作権が、失われることはありません。

出版社がいえるのは、写真制作に関して、編集者が写真の創作性部分の実現に積極的にかかわるなど、作品作りに大いに関与した場合です。出版社から「共同著作物」として著作権を共有しようと提案され、もし写真家が同意できるなら成立します。

著作権の共有となると、その権利の行使は全員の合意が必要です。また、著作物利用を許諾する局面では、その一人は、正当な理由がない限りその利用をNo！とはいえません。

実用記事の編集者は取材現場で撮影する場合、先決した記事コンテがあれば撮影角度、被写体の全体あるいは部分を撮るのか、背景・小道具をどう入れ込むのかなど細かい指示を一方的に出します。また、取材先確定までの撮影交渉をしていますので、完成写真の使用に際して、許諾を得ているのは自分たちの誌面に限られていることを知っています。

また、実用目的の写真ということから「表現作品としての写真」というより、「実用情報としての写真」という意識を編集者は抱いています。撮影経費を支払い、自分たちの雑誌のジャンルとブランドだから撮影許可がおりたという自信から、写真家が取材先から許諾を得て撮影することはで

きなかっただろうという思いもあります。実用記事の撮影依頼を受ける写真家は、この編集者の実態を知り、対策を立てることが求められます。

Q61 ファッション写真の著作権

> Q. 女性雑誌のグラビア写真の扱いについて、編集者から写真家にとっては気になる話を聞きました。雑誌誌面のデジタル展開に際して、著作権を有する写真家の許諾だけではなく、スタイリストやメイクアップの権利主張もあり、その方面の気くばりも必要だそうです。ファッション写真の著作権は、どうなっていくのでしょうか？

A　ファッションモデルを撮影する女性雑誌の編集現場では、様々なクリエイターが関与して、仕事が進んでいます。権利の視点からおさらいをしてみましょう。

モデルは有名であろうと無名であろうと、誰でも肖像権を有しています。肖像権について発言できるのは、モデルだけです。写真家には、撮影した写真の著作権があります。雑誌記事となれば、文章を書いたライターがいれば、その部分は言語の著作物の権利があります。特集記事のまとめ作業の中で、編集者が決めたタイトル見出し、写真説明文など編集者が書き加えた文章部分があれば、厳密にいえばその言語部分は編集者のものとなり、著作権法的には出版社の法人著作物となります。

グラフィックデザインを行なったレイアウターは、誌面ビジュアルの作成者です。次にファッションの撮影現場には写真の創作過程に寄与する関与者がいます。モデルのファッションの着装を工夫したスタイリスト、ヘアやフェイスのメイクアップアーチストです。

編集者の危惧は、このスタイリストやヘアメイクのアピールによるもの

でした。2011年7月29日の判決では、入れ墨師にも著作権が認められました。入れ墨師とメイクの仕事の違いは、どこにあるでしょう？　写真家としても、「ファッション写真の著作権は共有だ」と主張するクリエイターが存在することを、考えるべき時代が到来しています。

Q62 同じ場所から似たような構図で撮影する場合

Q. 雑誌の企画で、ローカル線の鉄道写真などの風景写真を撮ることになりました。既刊の旅行ガイド本で下調べして、線路と列車の写り具合が絶好の撮影ポイントを知りました。その地点で、似たような構図の写真を撮ったら、著作権侵害になりますか？

A. 誰でも行くことができる場所で、カメラを据えて風景写真を撮ることには、何の制限もありません。アマチュアではないプロの写真家が、別のプロ写真家の先行した写真作品と、構図が類似した写真になることを心配しているようですが、その程度では、著作権侵害は成立しません。

2011年5月10日の知財高裁判決で「廃墟写真事件」という、似たような状況の争いがありました。写真家同士が裁判で争いましたが、先行して廃墟の写真を撮り、写真集で公表した写真家が、同じ廃墟を選んで、同様な構図で撮った写真家を訴えましたが、その主張を地裁も高裁も認めませんでした。同じ廃墟という被写体の選定、似たような撮影方向とはいっても、著作権侵害にも、営業妨害にもあたらないとなりました。

裁判所は「撮影者が意図的に被写体を配置したり、撮影対象物を自ら付加したり」した写真ならば、そこに創作性が発揮される余地があるとしました。

被写体の構造物を写真家の意思で動かしていたり、何かがつけ加えられ

たりしたような写真とそっくりならば、真似したといわれるかもしれません。しかし、公共空間で撮る風景写真は、被写体の位置を変えたりはできないので、先行作品と構図が似てしまっても違法行為とはなりません。

Q63 スナップ写真を本の表紙に使用する場合

> Q. 街角スナップをして、公道からあるお店のショーウィンドウを写しました。ショーケースの中には、東京スカイツリーを模したペーパークラフトなど、飾りの小物類がきれいに並べられていました。ある雑誌編集部が私の写真を気にいってくれて、下町タウン特集の表紙に使ってくれるそうです。お店の了解を得ていませんが、表紙使用は大丈夫でしょうか？

A まず、制限区域、個人所有の空間、店内などに無断で入って撮影した行為ではないので、撮影は問題ありません。

次に被写体について考えます。飾りの小物類はきれいに感じたとはいえクラフト商品なので一品製作の美術工芸品とも考えられず「美術の著作物」とはいえません。裁判判例では、大量生産の応用美術品に創作性を認めた例もありますが、美的鑑賞の対象と認められれば、大量生産でも美術の著作物になる、としたものです。

気になるのが、スカイツリーです。東武鉄道や東武タワースカイツリー社が商標を出願登録しています。何種かネーミングの権利が保持されています。しかし、同じネーミングで同様な商品を作っての販売や、同種のサービスを行うことは、商標権侵害の問題になるだけで、写真に問題があるわけではありません。写真が表紙に掲載されることは、抵触しません。

雑誌編集部が「東京スカイツリー」と表紙に大きく表示しても、これは写真家の責任ではありません。タウン特集の内容が、スカイツリーにスポ

ットを当てているならば、誌面の内容表示となり、これもまた問題になりません。

　結局、写真家の責任を問われるような事態に及ぶことは考えられません。

Q64 撮影された写真の本人がそれを使用する場合

> **Q.** 著名な文化人が、本人が取材を受けた雑誌や新聞記事をコピーしたものをまとめ、小冊子として販売しています。その中で私が撮影した写真も、極めてクオリティが低いながらも雑誌に掲載されたそのままの状態で使われています。私自身に連絡はなく、使用許諾もしていませんので、使用料も受け取っていません。紙の媒体だけでなくCD-ROM、PDF配信などで販売されており、ネット上では見本を見ながら購入可能となっています。これはクリッピングサービスとは明らかに違い、問題だと思うのですが？

A. 無断で多数の人に、小冊子見本を公開して販売しているならば、集めたそれぞれの小冊子が著作物であり著作権者がいれば、その権利侵害です。

　紙に始まり、CD-ROM、PDFなど勝手にコピー・複製されていますから「複製権」侵害であり、ネット上で見本として読めるようにされている著作物は「公衆送信権」の侵害の主張も付加できます。

　誰が苦情をいえるかとなれば、写真はその写真を撮った人、文章は文章を書いた人で、著作者は当然です。インタビューを受けた文化人が著作者といえる場合もありますが、それはテープのリライトがほとんどないような場合に限られるでしょう。また、雑誌、新聞の記事が著名人部分に限定されず、雑誌ならば特集の全体、新聞紙面ならば、他の記事も入り込んで

コピーされていたとします。すると、雑誌社、新聞社も社員が創作した部分があれば「法人著作物」、著名文化人対象でない他の記事部分も入り込んで使われていれば、それら素材の選択、配列に関して「編集著作物」、これらの権利が侵害されたとも主張できます。

著名文化人は、被写体となった「肖像権者」であり、語った言葉を発したところの「言語の著作物」の権利者ではあります。写真家個人が、ご本人に面と向かって抗議はしにくいもの。雑誌社、新聞社と手を結んで、危惧を伝え、やめてもらいたいものです。

Q65 雑誌に掲載された写真を他媒体で使用する場合

Q. 雑誌に掲載された写真を「旅行パンフレットに使いたい」との連絡が広告代理店からあり、使用許諾を求められました。使用カットが編集部から戻っていなかったため、出版社の担当者にポジフィルムの返却を求めました。ところが担当者は、写真に関する「版権」は編集部にあるとして、私と同額の使用料を代理店に求めました。そのため、広告代理店にとっては使用料が倍となってしまい、話が流れてしまいました。雑誌には既に掲載済みで時間も経過しているため、写真を使用する権利は私にあり、編集部には使用料を求める権利はないと思うのですが？

A. この状況は、出版社と写真家のあいだで、写真の使用について「どういう契約を結び」使用条件の合意が形成されていたかの問題となりますが、特別な約束でもない限り、基本的には出版社には写真の著作権はありません。したがって出版社が著作物使用料を求めることはできません。

「写真の所有権とその使用」についての合意があれば、出版社が写真を保管し、その使用についても出版社が主体となって運用し、使用料等の徴収とその権利者配分についても、出版社が前面に立つことは可能です。

質問者のお尋ねからは、以上のような契約事情があるとは思えません。ですから、この出版社は、編集部が得るべき対価の主張があるならば「広告代理店にどう返事をするのか」該当写真の利用について、写真家と事前に協議をするべきでした。

著作物の使用料ではないとしても、広告代理店にとって有用な雑誌記事の利用について何らかの報酬を求めることは、著作権保護期間の切れた美術品の保管機関が、美術品の写真撮影、写真貸出しに際して、協力金のような形で管理費用の負担について支援を求めるような状況と似ています。が、写真家の権利行使を妨害する結果となる場合は、別のことです。

Q66 雑誌に掲載された写真の書籍化

Q. 数年前に雑誌に掲載された写真を、同じ出版社から書籍として再使用する許諾を求められました。使用単価や点数は「決まり次第連絡する」とのことでしたので、許諾の可否は詳細が判明後に判断すると回答しました。その後、提示された金額があまりにも低額であったため、即日許諾しない旨の回答をしたのですが、金額提示日が書籍発行の直前だったことが後に判明し、書籍が市場に出回ってしまいました。どのような手続きを取ったらよいのでしょう？

A. 雑誌から書籍への掲載ですから、新しい許諾が必要です。その合意がないまま書籍が刊行されていますから、無断使用です。

ところで、経緯の詳細は不明ですが、写真家の許諾が確定していないの

に発刊した出版社の意識には、雑誌記事の書籍化に関しては、他にも複数の関与者がいて著作権が共有され、皆の賛同を得られるという思い込みがあったように思われます。その思い込み(予測)が常識的である場合には、著作権侵害だといいたてるよりも、使用料の支払いに対してまず力を注ぐべきでしょう。

交渉をしても、再使用料が納得できる額に改善されない場合、関与した他のクリエイターたちの得たであろう費用と大差があるのか？　再使用の部分と、書籍化で新原稿を起こした人との違いを見つつ、満足できなければ、次の段階を考えることになります。

交渉決裂となれば、写真家の場合は、弁護士と相談し、写真の著作物の無許諾使用をもとに著作権侵害の訴訟に立つかの検討を始めることになります。警告内容を記した通知書をまず送るか、刑事告訴をするか、民事請求にするか、出版差し止めの仮処分を求めるか？　最終的には、賠償請求金額と依頼する弁護士費用がどれくらいになるかを聞いて、法的な手続きに進む費用対効果を考慮し、写真家自身が進退を決断することになります。

Q67 トリミングした写真の使用

> **Q.** 自分が発表した写真の一部をトリミングした写真が、無断で雑誌に使われていました。出版社に問い合わせてみると「引用」だといいますが、これは引用ではないのではないでしょうか。

A 写真が載っている雑誌の、ページでの使い方が不明で、一言ではいえませんが、このケースは「引用」の条件がきちんと守られてはいないようです。

引用は、著作権法でも認められている用語です。第32条で、抜粋する

と「公表された著作物は、引用して利用することができる(以下略)」とあります。条件を守れば、許諾を取らなくても、使用料を払うことなく写真を使うことができることになります。

　引用成立の基本条件は、6つ挙げることができます。引用のチェックポイントです。

　①公表された著作物か？　②使用目的に必然性があるか？　自分の作品で表す自説の証明や補足などのためであり、使用理由に根拠があること。必要最小限であることが条件です。③主と従の関係があるか？　あくまでも自分の作品が、量的にも主であり、利用するものが従であることが条件です。④明瞭に区分されているか？　写真や絵を文中で引用するならば、結果的には、明瞭に区分けされていることにはなります。⑤改変してはいけない！　原作品に手を加えてはいけません。勝手な修正もダメです。⑥出所明示しているか？　引用した文章、絵画、写真などの著作者名の表示は、欠かせません。利用箇所のすぐ傍に入れるのが最善で、出版物ならば、書誌名、著作者名、出版社名を書き添えることになります。

　質問のケースでは、トリミングしていることの注記がなければ、⑤に問題があり、守るべき引用の条件に不備があります。②③⑥はどうでしょうか？　これらの条件が守られていなければ、引用とは呼べません。無断で雑誌に転載したことになります。

Q68 女優の写真のレタッチ

> Q. ある女優の写真集を作りたいという連絡が、出版社からありました。そこで今まで自分が撮ってきたその女優の写真を一式お渡ししました。写真集が出版されてみると、自分の写真はレタッチ・修正されていました。その後、女優からクレームが来ましたが、私の責任になるのでしょうか？

A. 女優の写真を撮った写真家は、それらの写真作品の著作権者ですが、作品を使用する権利としては、万能ではありません。人物写真の場合、被写体の方が存命ならば、肖像権が存在し、この場合はその女優にあります。

今回は、出版社の要請を受けて、所蔵写真から複数の写真を選び取り、手渡したようです。その中に、未発表の写真カットがあったならば、問題があります。撮影済み写真の公表についてすべて一任されるなど、この女優の了解を得ていたでしょうか？　もし承認は不要だという取り決めがなかったならば、未公開写真の選択については、事前に肖像権者の判断を仰ぐべきでした。そうする責任は、使用する出版者にありますが、写真家が、これは許可を得ているといったなら、写真家の責任です。

また、写真集の出版社が無断でレタッチ・修正を施したようですが、女優からクレームが出たということは、本人が認知している写真画像とは違う印刷仕上げがされたようです。

写真家から見れば、著作物の勝手な改変がされたことで、著作者人格権の同一性保持権の侵害でした。しかし、肖像権者にとっても本人が了解できない肖像写真の修正で、これは肖像権者の人格権侵害でもありました。

女優の肖像権者としての立場からは、写真家が所蔵写真を提供したことから、結果として認容できない写真集が出版されたことを招いたことになりますが、修正を知らなかった写真家の責任ではありません。

Q69 漫画の背景画集

Q. 雑誌に自分の写真を定期的に掲載している出版社から、漫画の背景画集が出版されました。中身を確認してみると、自分の風景写真から線画に起こしたのではないかと思うものがいくつもありました。この出版社とは、自分の写真を使用する際は許諾を得るとの約束をしていたのに、これは契約違反ではないでしょうか？

A. 出版社との契約内容は不明ですが、格段の事情がない限り、写真の使用、再使用は許諾が必要です。この出版社が写真を勝手に利用して、線画を起こしたならば、この写真家の許諾を得ていないので、まさしく契約違反を行なったことになります。

　写真家が、自分の写真に基づいて背景画集が作られたと立証できれば、著作権侵害を訴えることができます。写真をそっくりに模写して線画を描いても「既存の写真の著作物に依拠」して、その内容・形式がすぐ察知できるものを「再製した」となれば、複製権侵害になります。また、無断で「変形を加え」、著作物の仕上がり態様を写真から絵画に変えても、元の「原作品を感知」させるものであれば、翻案権侵害となります。

　著作権侵害は、まったく同一であることの証明までは必要としません。

Q70 本の表紙の写真

Q. 私の写真が単行本の表紙に使われています。本の評判がよいようで、新聞の書評欄やテレビの情報提供コーナー、ネット上の情報紹介サイトなど、あちこちで本の表紙を目にすることができます。本の表紙の宣伝利用については、何かルールがありますか？

A. 写真家の写真作品を1冊にまとめた写真集や、写真の使用が多い書籍の場合、写真の著作権者と「出版契約」が結ばれ、支払いは印税払いとなることも多々あります。その場合の契約書条項がいちばん状況をわかりやすく説明しています。

「著作権者は、出版者が許諾された出版等の宣伝・広告のために、必要最小限度において無償で本著作物を利用することを出版者に許諾する」。以上のような取り決めが行なわれます。

このような扱いが出版業界の基準であり、雑誌や書籍の表紙に写真や絵が使われている場合も、同様に運用されています。表紙に使われる場合は役割も大きく、そのため原稿料払いの場合は本文中に使われるときよりは、支払い基準は高額です。とはいえ、本の宣伝・広告のために露出は多いとなっても、その度ごとには使用料は払われません。「無償で利用する」ことを条件にうたっているように、表紙の宣伝利用についても加算は行なわれません。

また、2009年の著作権法改正で、第47条の2として「美術の著作物等の譲渡等の申出に伴う複製等」の条項が追加されました。この条文の要点は、美術や写真の著作物の複製物の所有者が、譲渡を目的に複製したりネット掲載したりすることが、指定された条件を守れば可能となったことです。これには、本や雑誌など印刷物の表紙も含まれるとされています。

このように写真が本の表紙に使われている場合、本の宣伝、紹介、販売

が目的ならば、出版業界も著作権法も、ある条件下では幅広く利用されることを認定しています。

持ち込みの写真の無断使用

> **Q.** 出版社に写真の持ち込みを行いました。編集者が一度預からせてほしいというので、少額のお金を受け取った上でプリントを渡しました。その後しばらくしてから発表された雑誌に、自分の写真が載っていました。自分としては、掲載されるのであれば、もう少しきちんとした額を受け取りたかったと思います。今からでも、請求できるでしょうか？

A. 請求できる場合と、できない場合があります。

請求できない場合とは、出版社が該当の発行雑誌や社のホームページで、写真持ち込みに対する掲載基準や掲載料等を明示し、その基準どおりに掲載を行ない、支払ったときです。

しかしこの写真家の場合は、「一度預からせてほしい」といわれただけであれば、そのお金は預かりに伴う保証金のような、いわば一時支払いという可能性を持ちます。少額のお金を受け取ったときはどんな名目のお金だったのでしょうか？　この点が問題で、単なる保証金、一時支払い金、全部の代金の可能性のどれであるかを、具体的な状況に照らして判断することになります。

その機会を得たら、過去の支払いが少額すぎるという思いだけで何か主張できるわけではありませんが、「一度預からせて」というのが気がかりです。臆することなく門をたたいてみることがだいいちです。

Q72 写真集の増刷

Q. 自分の写真集に増刷がかかりました。第2版を見てみると、写真の並べ方が一部変わっていました。それを決定する権利は、自分にあるはずではないでしょうか？

A 一言でいうと、写真集に関して、どんな合意形成がされていたのか、その内容次第ということになります。質問者は「増刷」といっていますが、いわゆる重版、増し刷り、そのまま版を重ねた2刷の刊行ではありませんでした。改訂版としての第2版、編集作業が加わりました。

この写真集の初版はどのように作られていたのでしょうか？ 要するに、写真の選択、並べ方は誰が決めたのでしょうか？ すべて、初めから終わりまで写真家が独自に決めて刊行されていたならば、第2版についても、写真家の専権事項であることは、当然です。

もし、初版が出版社、編集者の寄与により選択、並べ方が決定されていた場合、写真家の著作権と対立するものではなく、著作権は損なわれることなく、編集著作物としての権利が編者にも別途発生しています。初版でこのような制作進行が合意されていたならば、出版社の並べ方の決定が、まったくの違法行為であるとはいえません。

今回は、第2版の刊行についてきちんとした説明が、出版社から発せられていなかったことが大問題です。「増刷」ならば、内容変更があるはずはありません。もし、改訂版の刊行ならば、どこを改訂するのか、完成する前に、きちんと写真家に説明し、その了解を得ていなければ、出版社は胸をはって「編集著作権」について、発言することはできません。

Q73 絶版の写真集の復刻

> **Q.** 自分が若い頃に出した写真集（現在絶版）の復刻をしたいとの電話があり、了承しました。できあがった写真集を見てみると、写真が数枚削られ、紙も異なる廉価版でした。復刻というのは、以前のものそのままの体裁で再度刊行することではないでしょうか？

A 正確な定義はありませんが、一般的な復刻とは、装丁や体裁を元の書籍の状態に再現し、もう一度出版することです。丁寧な本は、元の版と違いがあれば、序文や凡例に注意書きをつけているはずです。

しかし、このケースでは、写真枚数が削られたり、用紙も異なったりした廉価版とされたといいますので、写真家の了解を得ていなかったなら、大いに問題があります。出版社は過去の写真集と同じ版元だったのでしょうか？　復刻版といっても、定価には違いがあり、書籍コード番号も異なりますから、刊行に際しては印税についてなど、新たな「取り決め」を協議する必要がありました。その際に、体裁や写真の使用枚数について元の写真集との差異があるならば、現在の担当編集者はきちんと説明を行なうべきでした。

また、違う出版社で復刻されたなら、絶版とはいえ、前の出版社の初版を作り上げた努力に対して、どう出版社間の合意形成がされていたかが問題です。写真家が電話で了承したときに「前の出版社の了解を得たのか？」を確認しなかったとすると、写真家当人にも、原本を出したときの出版契約に関する認識不足を問われます。

写真家は、電話を受けた際に、「復刻版の刊行許諾」に合わせて、使用条件を細かく聞くべきでした。著作権者が、電話だけで「使用許諾」をするのは危険です。何が説明されたかの記録が残らず、編集者に「すべて社の提示した条件の了解を電話で得た」とされると、反論できません。

広告写真の著作権

志村 潔
（廣告社株式会社代表取締役社長）

広告写真の著作権を理解していただくために、まず広告と著作権の基本的かつ特徴的な関係を整理し3つのポイントをまとめてみました。

① 広告実務上は、「法的に問題ないか」よりも「トラブルにならないか」が優先される。

多くの広告主は、自社の広告にクレームがついた場合、法的な白黒よりも、まずは争いになること自体を避けようとする傾向があります。元々広告は企業や商品のイメージを高めるためにあり、その意味でクレームやトラブルによるイメージダウンは大変な誤算になります。従って広告の著作権をめぐる判断はどうしても慎重にならざるを得ず、その結果、「グレイ＝黒」という認識が幅を利かせることは否定できません。

② 広告制作への関与者が多く、権利関係が曖昧になりやすい。

広告実務では、広告主→広告会社→広告制作会社→フリーランスクリエイターという流れで業務委託されることが多く、非常に多くのスペシャリストがかかわることになります。結果として権利関係が複雑化し、誰が著作者なのか誰が著作権を持つのか等の問題が曖昧になりがちです。そこで、できるだけ契約書を締結し権利関係を事前に明らかにしておくことが賢明です。

③ 広告には著作権以外の様々な権利が複合的にかかわっている。

広告には著作権、肖像権、商標権、不正競争防止法、景品表示法などが複合的にかかわっており、独特な世界を形成しています。したがって著作権というひとつの側面からだけのチェックでは決して万全ではないことが多く、その他の法律や権利を広く知っておくこと、そしてたえず総合的な観点から気配りをすることが大変重要となります。

この章では広告写真に関連する様々なQ&Aを集め、以上のような3つの特徴を踏まえつつ、広告実務として具体的にどう対処していくかという視点から解説してみました。広告特有のグレイゾーンについて、どうしても判断ができない場合は決して無理をせず、権利者に確認をとってみる、もしくは弁護士などの専門家に相談してみることが原則となります。

Q74 広告会社との契約書

> **Q.** 広告写真を手掛けることの多いカメラマンですが、最近、広告会社との間で契約書を締結することが多くなってきました。その際、「著作者人格権を行使しない」という特約を突きつけられることが多く、いまひとつ納得できません。行使しないということは実質、著作権法が禁じている譲渡と同じなのでは？

A 著作者人格権の譲渡は禁止されていますが、著作者人格権の「放棄」が禁止されているわけではありません。また、人格権といえども権利を行使するかしないかは権利者自身の判断によります。したがって必ずしも「行使しないこと」＝「著作者人格権の譲渡」ではないと思います。

ただ、不行使特約を無条件に有効とすると、事実上、いかなる著作者人格権侵害を目の当たりにしても、著作者は絶対に人格権を行使できないということになり、それは著作者人格権を認めている本旨に反するのではないかという疑問が残ります。

難しいところですが、実務上行なわれているこの特約を一応有効と扱いつつ、不行使特約にも限度があると理解した上で慎重に対処するという余地はあるのではないでしょうか。例えば広告スペースに合わせた多少のトリミングやキャッチコピーやマーク類を写真の中に入れることを一定程度認めるなど「著作者にとってある程度予想可能な範囲の改変を前提とした不行使特約」という意味で、契約書の中に「当該作品の通常の(広告)使用方法については甲に対し著作者人格権を行使しない」のような文言で記載することもひとつの方法でしょう。

いずれにしても、このような問題については、事前に広告会社とのあいだで十分に話し合っておくことが望ましいでしょう。

Q75 カメラマンの著作権

Q. 私はデザイナーです。先日、物撮りがあったのですが、その際、小物のセッティングや構図、全体的なトーンまですべて自分が決定し、カメラマンは結局シャッターを押しただけのような感じになりました。そんな場合でも著作権はカメラマンにあるのでしょうか。

A 通常、著作権は著作者が保有するものです。したがって質問のようなケースでは著作者はいったい誰になるのかという問題だと思われます。まず著作者とはあくまでもその著作物の制作に直接かかわった者、つまり写真撮影でいえば通常はカメラマン（カメラマンが企業に属している場合ならその企業）が著作者ということになります。

しかし、この質問のようにデザイナーの側で創作性のある作業のほとんどを担い、一方、カメラマンはシャッターを押しただけという場合はなかなか微妙です。本当にシャッターを押しただけであれば駅前のスピード写真と同じでカメラマンの創造性は無関係となりますが、通常は考えられません。カメラマンの創造的かかわりが多少でもあれば、デザイナーとカメラマンとの共同著作と考えられ著作権も二人でシェアする（共有著作権）という形態が妥当でしょう。より合理的に考えるのであれば、実際はどうであれ、最初から権利の帰属先を契約書で明確にしておくことです。

Q76 カメラマンの許諾

> Q. カメラマンに撮影してもらった写真に対し、ヘッドラインを、写真を汚さないように、絶妙な位置に絶妙な色使いでアレンジしたいと思います。これはデザインとして計算されたものなので特にカメラマンへの許諾は必要ないと思いますが、どうでしょうか。

A. 広告の場合、写真の中にヘッドラインやボディコピー、各種シンボルなど、様々な広告素材をバランスよく組み込むことが多く、この手腕がデザイナーの腕の見せどころにすらなっています。しかし、いくらデザイナーが万全なデザイン感覚を駆使し、絶妙な位置に絶妙な大きさ・書体でキャッチコピーを付加し、結果としてその写真を効果的に引き立てることができたとしても、元の写真に対して手を入れることには変わりはなく、黙ってやってしまえば翻案権の侵害、またカメラマンにとって意に反する行為であれば著作者人格権(同一性保持権)の侵害行為となる可能性があります。

トリミングの場合と同様に、何らかの形でカメラマンに対してその都度、許諾を取るようにするか、もしくはあらかじめこのようなアレンジへの許諾を想定した契約書を締結しておきましょう。

Q77 カメラマンの権利

Q. 広告業界においてカメラマンは顧客に対して最初から写真の著作権を譲渡しているか、または最初から著作権を放棄しているのではないかというくらいに、カメラマンが権利を主張しないことが当たり前となっているように見えますが、実際はどうなのでしょうか？

A. 確かに広告業界において依頼者側は、費用を払っているのはこちらなのだから撮影した写真は自由に使えるのが当たり前、いわば著作権は当初より譲渡されている、と誤解している人間が多いことも事実です。また広告の写真には様々なものがあり、製品カタログに載っているような単純な製品写真は同じアングル、同じライティングで複数のものを機械的に撮影しただけのものであり著作物性は疑わしいなどという意見もあります。そんな実態を踏まえると出版業界等に比較して広告写真の著作権は最初から広告主に譲渡されている、または最初から権利がないなどの認識をされやすい傾向があるのかもしれません。

また確かに広告は広告主のマーケティングツールであり、その意味では広告主が自在に使えるようになっていることがひとつの理想です。実際、アメリカなどでは一定の対価を得ることによってすべての権利をクライアントに譲渡するのが通常となっています。

しかし、そのような事情があったにせよ、創作性のある写真はそれを撮影したカメラマンに著作権が発生することに変わりはありません。

Q78 会社案内

Q. 当社は広告制作会社です。自社の会社案内を作ることになり、その中で当社が携わった様々な広告作品が紹介されますが、その広告作品に使われている写真について、別途、会社案内用の使用許諾を取る必要があるのでしょうか。

A. その写真の内容が感得できるようなレベルなら許諾は取ったほうがよいでしょう。ただし後から許諾を得るとなると実に大変です。写真に限らずすべての著作物の権利と、さらにタレント等の肖像権なども再度確認しなければなりません。これを合理的に解決するためには元の広告物用に締結する契約書の中に、会社案内等への使用許諾をあらかじめ盛り込んでおくことが賢明です。例えば通常の利用範囲に加え下記のような文言を追加しておくことが望ましいでしょう。

・甲の会社案内、事業報告書、会社年史等の記録物
・甲の各種広告コンペティションへの出展・応募、CM特集番組への提供等、広告作品としての評価活動、社内用データベース
※この場合、甲は広告制作会社です。

Q79 契約社員の写真の著作権

Q. 私は契約社員のカメラマンです。正社員ではないのでフリーランスと同じように、撮影した写真の著作権は自分にあると主張したら認められませんでした。本当にそうなのでしょうか。

A 契約社員というのが、有期雇用契約なのか、あるいは業務委託契約なのかによって異なります。それも契約書上の問題ではなく事実上どうなのか、つまり契約の実態に則して考えることになります。通常、会社と雇用契約のある従業員がその会社の通常の指揮命令下の中で制作した著作物は、職務著作(または法人著作)と見なされ、著作者は従業員個人ではなく「会社」となります。しかし、特定業務の完成を約束した業務委託契約であれば原始的に著作権はカメラマン個人に帰属します。いずれにしても契約書の中で著作権の帰属先をあらかじめ明確にしておくことをお勧めします。

Q80 よく似た写真を別のカメラマンに依頼する場合

Q. プレゼン用ということで有名カメラマンに撮影してもらった写真が本採用となりました。ところが使用料の折り合いがつかず、結局、その写真は使わないことになりました。クライアントに対し今さらまったく別の写真を、というわけにもいかず、やむを得ず別のカメラマンによく似た写真を撮り直してもらおうと思いますが、問題ありますか。

A よく似た写真を別のカメラマンに撮ってもらうことは、プレゼンに使用した元の写真の複製権や翻案権、また著作者人格権(同一性保持権)を侵害することとなり、元のカメラマンからクレームがつく可能性が非常に高いでしょう。したがって、なんとか元のカメラマンと使用料の折り合いをつけるか、それがどうしても難しいのなら予算を捻出しプレゼンで使用した写真を予定どおり使用できるようにするか、もしくはクライアントに謝罪・説明し、別のカメラマンによるまったく別の写真を撮影・使用することをお勧めします。

結果論となってしまいますが、プレゼン時には採用・不採用に伴う事前の条件確認が絶対に必要です。とかく採用になったときに考えればいいと思いがちですが、安易な態度で臨むと取り返しのつかないことになりかねないのです。

　絵画やイラスト、写真などの場合に同一性や類似性を判断される物差しは、主に「フォルムと構図」です。特に「構図」についてはカメラマンの「思想や感情」が反映されているといわれています。逆にいえば色調やトーンが似ていてもフォルムや構図が異なっていれば、それは別の著作物ということになる可能性があります。

Q81 打ち合わせでネット上の写真を使用する場合

Q. 広告の打ち合わせのため、たたき台として特定の写真をネット上の画像や雑誌からコピペしたり、またはレンタルポジをダミー的に利用したりすることが多いのですが、これって厳密には違法ですか。

A. このような慣習は広告業界では一般化しており、なかなか難しい問題です。しかし、いくら打ち合わせ用ということで限られた者にしか流通されないとしても、商取引き上での使用であることは間違いなく、著作権法で許されている「私的利用（家族や友人数人の範囲での利用）」には該当しないことは明らかです。したがってこれらの素材に著作物性があった場合は複製権の侵害となります。著作権違反は親告罪なので著作者・著作権者にわかりさえしなければ問題ないし、またわかってしまう確率は非常に低いものです。しかし、だからといってその確率がゼロということではありません。

　またイラストの新規制作を指示する際など、様々な資料を参考にしなが

ら、特定の写真やイラストなどを選び「こんな感じで…」と、オーダーするケースがあります。しかし元になる写真には、構図やライティング等、作者であるカメラマンの創作性が存在しており（特に「構図」についてはカメラマンの「思想や感情」が反映されていると考えられる）、これをトレースしたようなイラストは元の著作物（この場合は写真）の改変であり、翻案権や著作者人格権（同一性保持権）に抵触することになります。したがって、カメラマンへの許諾が必要となるでしょう。

　また昨今は、広告用にフォトライブラリーからレンタルフォトを借りることが多くなってきました。しかもレンタルフォトそのもののクオリティも非常に高まっています。そしてその分だけフォトライブラリーをめぐるトラブルも増大しています。実務上ありがちなことは、先ほどのイラストレーターへのオーダーと同じようにカメラマンにレンタルフォトを渡し「こんな感じで撮影してください」的な指示をしてしまうことです。レンタルフォトを見本にして似通った写真を撮影すると、その写真は結果的に元のレンタルフォトの複製権や翻案権の侵害となるおそれがあります。くれぐれも注意しましょう。レンタルフォトを見本にイラストを描き起こすなどの場合も同様となります。

Q82 著作権保護期間の切れた写真の使用

Q. ある著名なカメラマンの作品を特売チラシのメインビジュアルに使いたいと思いますが、よく調べたら著作権保護期間が切れていました。もちろん問題なく使用できますよね。

A. 仮に著作権のなくなった写真であっても、著作者の名誉・声望を害するような使い方をした場合は著作者人格権に抵触する可能性があり、遺族や代理人等からクレームがつく可能性もあります。

この著作者人格権への抵触ですが、著作者の意に反して改変する場合（同一性保持権侵害）などはもちろん、元の写真のまま使う場合であっても著作者が仮に生存していたとすれば了承しなかったであろう利用の仕方（名誉・声望保持権侵害）なども該当します。

　具体的にはどういうことかというと、例えば芸術作品である裸体画を風俗チラシに使用したり、気品あるクラシック音楽をストリップショーのBGMに使用したり、というようなケースです。Qにあるように、著名なカメラマンの作品を特売チラシのメインビジュアルに使用することは、社会的に見てこの「著作者の名誉・声望を害する使い方」に相当する可能性があるので注意が必要です。

　ただしこのあたりの基準は必ずしも明確ではなく、時代性を含めて考慮すべきものとされており、ある程度はフレキシブルに考えて構わないと思います。

> **Q.** 古い写真集に載っていた写真を広告に使おうと思います。保護期間は切れています。出版物からスキャンするかウェブからダウンロードするつもりですが、何か問題はありますか。

A その作品の部分だけを使用するのであれば何の問題もありません。自由に使用できるでしょう。通常、写真や絵画、イラスト等の平面作品を広告などに使用するためには一旦"写真撮り"され（いわゆる複写）、その上でデジタルデータに置き換えられることになります。そしてこの場合の写真は平面のものを機械的に撮影するだけのことであり、撮影時の創作性は何ら要求されません。またその写真をデジタル化した場合、いくら手間ひまがかかったとしてもデジタル化に伴う対価が当然に認められるというものでもありません。

　したがって、出版物や他人のウェブサイト等にアップされている写真に含まれる権利は、あくまでもその写真の著作権のみということになり、保護期間が過ぎて著作権がなくなっているのであれば、それらの出版物からスキャニングして使っても、他人のウェブサイトから無断でダウンロード

して使っても、何ら問題はないことになります。

　ただし、写真集でもウェブでもそうですが、その作品だけでなく周辺の文章も含んだ使用や、作品が含まれる出版物やウェブのページ全体を使用すると、文章の著作権や編集著作権を侵害する可能性が生じますので注意が必要です。

Q83 写真集の写真をもとにイラストの発注をする場合

Q. 写真集にとてもいい写真があったので、それをもとにイラストレーターに依頼してイラストをメインにした広告を作ろうと思います。何か問題になることがありますか。

A この場合のイラストは元の写真を翻案した二次的著作物ということになり、元の写真を撮影したカメラマンへの権利処理と、新たにできあがったイラストの権利処理の両方が必要です。特に注意すべきは元の写真を撮影したカメラマンへの許諾を必ず得るということです。この写真には、構図やライティング等、作者であるカメラマンの創作性が存在しており(特に「構図」についてはカメラマンの「思想や感情」が反映されていると考えられる)、これをトレースしたようなイラストは元の著作物(この場合は写真)の改変であり、翻案権や二次的著作物の権利、著作者人格権(同一性保持権)に触れる可能性があります。

　また仮に著作者が亡くなっていて元の写真の著作権が切れていた場合であっても、著作者人格権(同一性保持権)は残っているので、遺族に確認するなど慎重に対処しましょう。

Q84 写真のコラージュ

Q. 雑誌やウェブ上にある写真を組み合わせてコラージュの作品を作りそれをポスターのビジュアルに使いたいと思います。コラージュ作品はそれ自体が独立した美術作品なので、問題ないと思いますが、どうなのでしょうか。

A. コラージュ作品は確かに新たな著作物であり、これを制作した者の著作権が発生しますが、一方、コラージュ作品は元の写真を踏み台とした二次的著作物ができたということであって、元の写真の著作権がなくなるわけではありません。つまり元の写真の著作権はこのコラージュ作品の中で脈々と生きていることになります。したがって、この権利処理をするためには元の写真の複製権や翻案権の利用許諾と二次的著作物の権利、さらに著作者人格権(同一性保持権)に関する利用許諾をもらわなければなりません。

一方、複数の写真を組み合わせた結果、元の写真の面影がまったくなくなり、完全に新しい世界がそこに誕生しているのであれば、著作権はその作品を制作した者にのみ発生するといえます(もっともその場合はもはやコラージュとはいわないでしょうが)。

Q85 タレントの似顔絵

Q. あるタレントの写真から似顔絵のイラストを起こし、広告に使いたいのですが、問題があるでしょうか。

A この場合は、タレントの肖像権(パブリシティ権)、似顔絵イラストの著作権、そしてそのイラストの元になった写真の著作権、これら3つの権利に関する処理が必要となります。

まずタレントのパブリシティ権ですが、タレントの肖像を広告に利用すると十分な顧客吸引力を持ち大きな経済的効果が期待できます。したがってタレントにはこれらのものに対価を得て広告などに利用させる財産的権利(パブリシティの権利)が認められるのです。そこで広告にタレントの肖像を使う場合は、本人への許諾(通常は対価が伴います)が必要です。写真ではなく似顔絵であってもそのタレントを想起できるなら(もっとも似顔絵なので想起できなければ意味がありませんが)、そのタレントのパブリシティ権を利用していることになります。似顔絵以外に、氏名、声、署名はもちろん、特徴的なシルエット、仕草、ポーズなど、そのタレントを特定できるようなものも同様です。

次に当然のこととして似顔絵の場合は「美術の著作物」でもあるのでイラストレーターや漫画家など、その似顔絵の作者への利用許諾が必要となります。さらに似顔絵の元になった写真の著作権も処理しなければなりません。特定の写真を元に似顔絵を起こした場合、その似顔絵は元の写真を翻案した二次的著作物となり、元の写真の著作権者(通常はカメラマン)への許諾が必要でしょう。しかし複数の写真を参考に本人の特徴のみを抽出し、その上でオリジナルイラスト化した場合であればカメラマンへの許諾は不要でしょう。

Q86 公人の写真

Q. 公人といわれる議員や政治家、あるいは著名な故人の写真を広告に使用していいのでしょうか。使用の基準がわかりません。また皇室の方々の公の場の写真は掲載できるのでしょうか、教えてください。

A. まず、政治家や皇族のような「公人」には肖像権がないという説は間違いです。公人の場合でもプライバシーの権利は働きます。

政治家については、確かに公的活動が多いため一般人に比べると多少の制約はあるとされていますが、まったくの私生活を撮影し公表した場合にはプライバシー権の侵害に問われる可能性は十分にありますし、ましてや広告に使用するということであれば必ず本人の許諾が必要となります。

既に亡くなってしまった映画俳優などの著名な故人は広告起用中にトラブルやスキャンダルを起こすこともなく、最近は好んで起用されることが多いようですが、故人のパブリシティ権については法律もないので様々な議論があります。

まず肖像権についておさらいをしますと、ここにはふたつの権利があります。ひとつはプライバシー権、もうひとつはパブリシティ権です。しかしプライバシーの権利は著作者人格権と同様に死後も一定限度で機能するものと考えるのが定説となっており、死んでいるからといって、その故人の生き方や人間性にそぐわないような利用をすることはひかえるべきでしょう。一方、パブリシティの権利については様々な議論があり一概にはいえない状況です。いずれにしても遺族や代理人等が確認できる場合は許諾を得ておくべきです。現実的な問題として、特に以下のような場合には注意が必要です。

① その故人の肖像権を営利目的でマネジメントしている遺族や代理人がいる。

② 過去に遺族や代理人が肖像権侵害としてクレームを出した事例がある。
③ 死後相当年数(例えば50年)以上経過していない。

Q87 観覧席の写真を広告に使用する場合

Q. 競技会のスタンドの写真を広告で使う企画を立てました。一般の人がたくさん写りますが、人数が多ければ個人を特定できないと思いますが、問題があるでしょうか。

A 肖像権の問題は肖像権法という法律が存在しないこともあって解釈が非常に難しいといわれています。特に広告においては典型的グレイゾーンとなっています。ポイントは個人が特定(認識)できるかどうかということです。特定できれば肖像を利用したということになり本人への許諾が必要となります。写っているのがひとりだけであっても個人が特定できなければ許諾は必要ないと考えられ、逆に複数の人が写っていても個人が特定できるようであれば許諾は必要となります。

　また「顔」が特定できるかどうかだけでよいのかという問題があります。実はアメリカであった裁判に「人は顔が識別できなくても同一化できる」とし、髪型、身体の骨格や輪郭、独特のポーズ、姿勢などについて、例えば配偶者など、その人物に親しい者が見て、その人物を特定できたのなら肖像権を侵害していることになる、という判例がありました。

　いずれにしても広告に写ってしまった一般人には、確実な許諾を取ることが重要です。また未成年の場合は親の許諾を取ることを忘れてはなりません。そして実務上は群衆シーンといえども有償のエキストラなどを利用するのが賢明だと思われます(ただしその場合、守秘義務契約は必ず結んでおきましょう)。

　さらに、もし既存の写真を使用しなければならず、その写真内に群衆な

どが写っている場合は、識別できないようにCG処理をする等の対策が必要となるでしょう。特にレンタルフォトなどの場合は、通常、写真の著作権は処理されていても被写体の肖像権までは処理されていないのが一般的ですので注意が必要です。なお、写真に手を加えるにあたってはカメラマンの翻案権や著作者人格権(同一性保持権)に触れることになるのでこちらの許諾も必要となります。

Q88 タレントの写真のレタッチ

Q. ポスター用にタレントを起用し写真を撮影しました。アップなので小ジワやシミが気になります。勝手に修正すると何か問題になりますか。

A. このような場合はタレント事務所とカメラマンの両方に許諾を取る必要があると思われます。小ジワやシミといってもその本人にとってはチャームポイントであったり、ある種のアイデンティティであったりする可能性もあります。無断で修正を行なうと、場合によってはタレントの肖像権の侵害が生じるかもしれません。さらに写真を修正するということですので、写真の権利者(カメラマン)に対する翻案権や著作者人格権(同一性保持権)の処理も必要です。したがって両者への確認と了承を取るべきでしょう。

Q89 広告写真の背景の写り込み

Q. 広告写真の背景に、他社の商品が小さく写っていました。あくまで小道具としての扱い程度と思いますのでクライアント側は問題にしませんでしたが、クレームの対象になるのでしょうか。

A. そこに写っている他社商品がどのようなもので、またどのような写り方をしているかによって微妙に異なってくるとは思います。例えばその広告と直接関係のない商品が単に演出上の小道具として広告写真の背景に何気なく写っているという程度なら問題ないでしょう。しかし、例えば他社商品がメインの扱いになっていて、あたかもこの広告の商品がその他社メーカーと関連しているような印象を与えるなど、その広告で売ろうとしている商品の出所が混同されるような場合は、商標権や不正競争防止法上の問題が生じる可能性があります。いずれにしても、グレイゾーンの広いテーマとなります。広告業界ではこのような場合は、一応、許諾を得ておくという商慣習があります。

Q90 背景にブランド物を配置する場合

Q. 物撮り写真の背景に、ブランド物のハンドバッグを配置し高級感を出したいと思います。許諾なしで使用したら問題になりますか。

A 有名ブランドの持つ名声にフリーライド(タダ乗り)すると不正競争防止法が禁止している「著名表示冒用行為」に該当する可能性があります。特に有名ブランドはこのような使い方を許諾制、もしくは完全に禁止としているところが多いようです。

広告写真の前景に目立つように扱われる場合はともかく、映像の背景の小道具のひとつに使用されている程度なら「著名表示冒用行為」にはなり得ないと思われますが、この業界の慣習として、ブランドが特定できないようなアングルを選ぶ、撮影後にCG処理でぼかす、そもそもこのような著名ブランドの使用を避ける等々、広告業界では必要以上に慎重になることが多いことも事実です。基本は許諾を取ることでしょう。

カメラのメーカー名の写り込み

> Q. タレントにカメラを持たせ、旅行の楽しさをテーマにした広告写真を撮影しました。写真内のカメラにはメーカー名がわかるような表示がたくさんありました。全部修正して消さないと問題になるのですか。マニアなら型を見ればメーカーはわかると思いますので、無駄な修正はかえってメーカーのイメージを損ねると思うのですが。

A その広告の広告主によっても微妙に違うかもしれません。広告主とそのカメラの間に、誰が見てもまったく関連が見出せないのであれば単にたまたま使ったカメラがそのメーカーのものであったという程度の問題ですが、例えば広告主がフィルムメーカーなどの場合、広告主とカメラに何らかの関連が想起され、その広告で販売しようとしている商品の出所が混同される可能性があり、商標権や不正競争防止法の問題が生じることも考えられます。また一見、広告主とカメラが関係なさそうに見えても、

昨今は各企業の事業が多角化していたり、各企業のコラボが活性化していたりするので何からの誤解をされる可能性があります。またそのカメラが有名なブランドでそのイメージに意図的に乗じて、その広告自体の顧客吸引力を高めようという意図があからさまだったりすると、フリーライド、つまりタダ乗りと見なされ、不正競争防止法に抵触する可能性があります。

いずれにしても、グレイゾーンの広いテーマとなります。広告業界ではこのような場合は、一応、許諾を得ておくという商慣習があります。この場合も、カメラメーカーへ確認することをお勧めします。

不動産広告の写り込み

> Q. 不動産広告で物件紹介のため、街並みや商店街をバックにしてモデル撮影をしました。この場合、建物や商店街の許諾を取らないといけないのですか。

A これも広告と知財権の関係の中ではもっともグレイゾーンの広い問題となります。著名な建築物、例えば「都庁」「東京スカイツリー」などは使用の仕方次第ではクレームがつく場合もあります。実際、使用方法によって使用料を徴収することが慣習となっている建築物・構造物が多いことも事実です。その根拠は所有権に基づいた「モノのパブリシティ権」や不正競争防止法などです。モノのパブリシティ権とは、例えば著名なタレントが自らの肖像を有償で利用させるのと同様、顧客吸引力のあるモノ(動物も含む)の映像等を有償で利用許諾するという慣習です。実はこの権利、数年前の最高裁判決によって一旦否定されています。ところが明確な法律が存在しないこともあって、いまだに主張されるケースが多いことも事実です。一方、不正競争防止法は「Q90」で触れたように他人の著名な表示にフリーライド(タダ乗り)することを禁じており、例えば誰で

も知っている著名な建築物の写真等をその広告のメイン素材として使ったりすれば、この法律を根拠にクレームがつく可能性があります。

　いずれにせよ、あくまでもビル群の中のひとつ、あるいはモデルの背景のひとつ程度に写っている分には問題はないと思われます。

　またよくあるような一般的な住宅、商店街、街並みや風景などは、著作権や不正競争防止法上は問題ないでしょう。しかし街並みの中にマンションが写っていて、そのベランダに洗濯物が干してあったところ、その部屋の住人からプライバシーの侵害でクレームがついたという事例はあります。個人の住まいにかかわるもの、またナンバープレートが識別できるクルマなどは写さない、もしくはわからないように修正する、あるいは事前許諾を取っておく、という対応が必要でしょう。

　いずれにしても広告実務では、法的に問題ないかどうかだけではなく、クレームがつくかどうか、という観点からのチェックも必要となります。特にアウトドアでの撮影については被写体に関して細心の注意を払うこと、判断ができない場合は先方の許諾を取ること。これが鉄則です。そして法的（権利的）に問題ないとわかっていても他人のものを使わせてもらうことは事実ですので、権利使用料ということでなく撮影協力に対する謝礼という意味合いから一定の金品を考慮することも場合によっては必要でしょう。

Q93 ポスターの写り込み

Q. 広告写真として街中で女性の写真を撮りました。背景に大きな化粧品のポスターが大きく写っておりその中にある有名女優の笑顔が印象的です。構図としては面白いのでそのままパンフレットの表紙として使いたいと思います。このように街角に貼ってあるポスターが背景として写ってしまった場合でも問題になりますか？

A. グレイゾーンではありますが許諾は取ったほうがよいでしょう。しかし商標権、著作権、肖像権等の処理を考えるとハードルは高いでしょう。

まず著作権法では、街路・公園等やビルの外壁など屋外に恒久的に設置されている美術の著作物や建築の著作物は原則的には自由に使用できるとされています(第46条)。例えば公園に設置された銅像やモニュメントなどを背景に写真撮影することは基本的に問題ないはずです。路線バスに施されたデザインについても「屋外に恒常的に設置された美術の著作物」として自由利用を認めた判例があります。

しかし質問にあるような街中のポスターや看板、ビルボード、大型ビジョンなどの画像は恒久的に設置されている著作物とは違うので、内容が識別できる場合は注意が必要です。これらには通常のグラフィック広告同様、様々な権利物が含まれていることが多いと考えられます。背景利用であってもそのポスターの内容が明確に視認できる場合には、ポスター内の各素材の持つ権利(商標権・著作権・肖像権等)をクリアしておく必要が生じます。

いずれにしても広告実務では、法的に問題ないかどうかだけではなく、クレームがつくかどうか、トラブルにならないかどうか、という観点からのチェックが必要となります。質問にあるようなグレイゾーンの場合はなおさらです。したがって可能な限り許諾を取ることが肝要です。

Q94 工業製品を広告写真の素材として使用する場合

Q. 工業製品や家具などを、広告写真の素材として使用する場合はどのような配慮をすればよいのでしょうか。クレームを避けるため、すべて許諾を取れという人もいますが、時間とコストを考えると、とてもパーフェクトを求めることはできません。

A. デザインに凝った工業製品や家具であっても実用目的で量産されているものであれば著作物ではないでしょう。ただし実用目的で制作されるものであっても、一品制作の美術工芸品などは美術の著作物となる可能性があり、この場合は著作権者の許諾が必要となります。

また著作物ではないとしても、誰でもが知っている著名な工業製品や家具を広告写真のメインの素材として使う場合などは、「他人の著名な商品等表示」にタダ乗りしたということで不正競争防止法上の問題が生じる可能性もあります。

また、仮にこの広告商品がオフィス機器等の場合で、かつその家具のメーカーなどが表示されている場合で、その広告商品があたかもその家具メーカーの商品のように見える場合は出所混同が生じ、商標権の侵害と見なされる可能性があります。ただしその場合は、そのメーカー名が商標登録されていることが条件となります。

以上のような視点からひととおりチェックを行ない、どの条件にも該当しないようであれば許諾なしで使用してかまわないと思います。少しでも判断に迷うようであれば専門の弁護士や弁理士に相談するか、各企業に確認を取りましょう。

Q95 テレビCMでカタログを紹介する場合

Q. テレビCMで製品カタログを一瞬紹介したところ、そのカタログに使用されているレンタルフォトを管理するフォトライブラリーから契約外利用というクレームがつきました。先方の主張は対象写真が当初契約された商品カタログだけでなくテレビCMにも使われているではないか、というものです。どうも納得がいきません。

A. カタログの写り方の程度にもよりますが、このケースの場合は画面の中にアップで写っていたために「写真そのものを二次使用した」と見なされたということでしょう。確かにその写真の内容が感得できるレベルで再現されている場合は著作物の中にあるもうひとつの著作物ということになるようです。

教訓として、広告物①の中に広告物②が紹介される場合において、広告物②用に使用許諾されている著作物は結局のところ広告物①の中でも使用されていることになってしまう、という可能性があるということです。例えば新聞広告で「詳しい内容はこの小冊子をご覧ください」としてイラストや写真の入った小冊子の表紙を大きく紹介するケース、さらには、書籍広告で書籍の表紙写真を紹介するケースなど、それぞれ注意が必要ということになります。

Q96 プロフィール写真の無断使用

Q. 知人(モデル)が所属していたモデルクラブが倒産しました。所属時に撮影した彼女のプロフィール写真が勝手に特定企業の広告に使われています。当然、本人はこのような使われ方に一切同意していません。また現在は所属事務所がないのでギャラも受け取っていません。著作権は撮影者にあるとしても、肖像権フリーの状態で商業的に利用されている場合、彼女は自らの報酬を主張することはできないものでしょうか。

A. 明らかに肖像権(パブリシティ権)の侵害となりますので報酬を主張することは可能でしょう。パブリシティ権の侵害とは、簡単にいえば自らの肖像を勝手に使用され、本来もらえるはずの対価がもらえないという状況をいいます。いずれにしても所属事務所がなくなっているとのことですので、そのプロフィール写真を広告に使用している広告主に、このような結果に至った経緯を確認しましょう。場合によっては広告主→広告会社→制作会社→カメラマンという流れで追跡していく必要もあるかもしれません。

レンタルフォトの被写体の権利

Q. レンタルフォトを利用し広告を制作したら、そこに写っている人物からクレームがつきました。ライブラリーに問い合わせをしたところ、肖像権の処理はされておらず利用規約にもそう書いてあるといわれました。どうも納得がいきません。

A. これはレンタルフォトの中に写っている被写体の権利処理に関するトラブルです。通常、我々がレンタルフォトに対して使用料を支払っているのはその写真を撮影したカメラマンへの著作物使用許諾料のみであって、それ以外の、被写体にかかわる肖像権、著作権、商標権などの使用料は含まれておりません。フォトライブラリーの使用規定にもそのように記載されています。

したがって登場人物等の肖像権、そこに写っているポスターの著作権、あるいは看板に使用されているマーク類に関する商標権等の権利については未処理となっていることが一般的です。したがってこれらの権利処理は自ら行なうしかありません。

肖像権

大家重夫
(久留米大学名誉教授)

　1970(昭和45)年までは、旧著作権法は、依頼(嘱託)して肖像写真を撮影した場合、その写真の著作権は、依頼者に著作権があるという規定があったが、1970年著作権法全面改正の際、この条文を削除し、撮影された依頼者は、肖像権はあるものの、著作権はなくなり、著作権は撮影者ということになり、その他の肖像写真をめぐるトラブルも含め、すべて裁判所の判例によることになった。

　写真家にとって、撮影することは本来自由である。通常、町を歩く人、市場の商人と客の表情を「撮影」することについて、被写体である人々の承諾なしでも、従来、日本では問題は起きなかった。

　ところが、戦後、米国からプライバシー権の思想が入り、国民の人権感覚が高まった。有名人には、パブリシティ権という「顔に財産権」があるという考えも入ってきた。

　デジタル化によるカメラも精巧なものになり、メディアも発達し、インターネットでは、誰でも、瞬時に、全世界に、人の肖像写真を送ることができるようになった。

　このような社会的背景のもとに、情報の氾濫による自己主張の過剰反応といった状況も見られ、街中でのスナップ写真の撮影に関しても、被写体となる肖像に関し、ときに肖像権侵害といったトラブルが起こっている。著作権は撮影者の権利であり、肖像権は撮られる側の権利ではあるが、個人の権利主張も間違った法解釈や誤解に起因し、混乱が起きている実態もある。

　IT(Information Technology)関連の技術開発に伴い、法整備の充実が望まれる。

　写真家たちは、被写体となる人物の肖像に対しては最大の配慮をしつつも、萎縮することなく、時代を切り取り記録にとどめる努力を惜しむべきではなく、時代を記録した写真が歴史を証言する大きな役割を果たしてきた事実を顧みても、写真家たちのさらなる努力と精進に期待するものである。

　写真撮影と肖像権との法律問題は難しいが、筆者は判例と共にネット時代も鑑みて本項の執筆にあたった。

公共の場所での肖像権

Q. 早朝から賑わう朝市、菅笠や頬被りのおばさんたちが通り掛かりの人や観光客に元気に声をかける。一際大きな声に振り返ると絣のモンペに真っ赤な姉さん被りのおばさんが大きな大根を抱えて呼びかけていた。地方色豊かな姿にカメラを向けると、写真は駄目、駄目というように顔の前で手を振った。しかし、公道での朝市であり、無視してシャッターを切った。フォトコンテストやカメラ誌への投稿をしたいのですが、問題ないでしょうか?

A. カメラマンにとって、「これだ」という気持で撮影し、ぜひ、写真雑誌に投稿し、掲載したい、という気持はよくわかります。

おばさんが、写真は駄目、というのは、軽い気持で、手を振ったのか、それともそういうことに慣れていて、報酬なしでは、駄目というのかわかりませんが、おそらく、写真雑誌に投稿し、掲載されても、写されたおばさんが訴訟を起こすことはないでしょう。

できれば、被写体が人物の場合、「できあがったら写真を送ります。住所とお名前を教えてください」と伝えて、撮影の承諾を取っておき、のちに写真を送付し、友好的な関係を築いておくべきでしょう。後輩のカメラマンのためにも、撮影及び公表について、承諾を取るべきでしょう。

お祭りの写真の肖像権

Q. 日本には数多くの盆や小正月の行事があります。これらを撮影し、フォトコンテストやホームページに公開したいと思いますが、多数の出場者で、連絡の取りようがありません。肖像権など、どのようにすればよいのでしょうか。

A お祭りの情景について、見物人を含めた大勢の人々については、肖像権を放棄している、あるいは肖像を撮影され、公表されても仕方がない、と思っているでしょうし、撮影の仕方が特に暴力的であればともかく、普通のやりかたで撮った写真であれば、問題はなく、新聞雑誌等での掲載やネットに掲載してもいいでしょう。

けれども、特定の誰とわかる人物が特にクローズアップされて、その人が不快感を感じるかもしれないという場合、その人物の承諾を取るべきです。「社会生活上受忍の限度を超える」と判断されるような場合、訴えられれば敗訴します。

 子どもの肖像権

Q. 公園で小さい子どもを連れている親がいた。砂場で遊んでいる子どもの写真を撮影していたら、すぐにその画像を消去してくれといわれた。どうすればよいでしょうか。

A 子どもは、肖像権を持っています。肖像権とは、何人もその承諾なしに、みだりにその容貌を撮影されない、撮影された写真を公表さ

れない権利といっていいでしょう。もちろん、正当な理由があれば、撮影し、公表しても違法ではありませんが、正当な理由すなわち違法性阻却事由がなければ、違法ということになります。

子どもの横には、親がいて、親が子どもの代理をして、写真撮影を拒絶したのであれば、それは、従うべきでしょう。もし、撮影を強行すれば、違法です。撮影後に拒絶され、画像が残っている場合、消去すべきです。

> **Q.** 子どもの運動会の写真を撮りました。冊子にして関係者に配布したい。また、自分のホームページにアップしたいのですが、問題はありますか。

A その写真の中には、あなたの妻や子どもなど自分の家族だけの写真だけでなく、よその子ども、その親や学校の先生など他人が多く写っているでしょう。それらの方々と良好な間柄であり、あなたが写した写真が特にある人の名誉を傷つけたり、不快感を与えるものでなければ、冊子にしたり、ホームページに載せても問題はないでしょう。ただ、写された方には、いろんな人もいますから、肖像権を侵害されたとして訴えられる可能性もあります。

Q101 政治家の肖像権

> **Q.** Rの駅前で身振り手振りも大げさな、街頭演説中の政治家を写真に撮った。これをブログに掲載したいのですが、問題はありますか。政治家には肖像権がないと聞いておりますし、演説に政治家の独りよがりや思い込みが強すぎ、反論としての私の意見を記載して多くの人に知ってもらいたいと思っています。

A. 政治家も肖像権を持っていますが、大幅に制限されていると思います。政治家の肖像を、雑誌に掲載しても、あなたのホームページに掲載しても、ほとんどの政治家は、クレームをつけたり、訴訟を起こすことはないでしょう。政治家の顔写真と意見を掲載し、あなたが自分の意見を述べるような形式も、もし、裁判になったとしても、違法性はなく、許される可能性が大きいと思います。しかし、ホームページに載せたりする場合、政治家に知らせて、許諾を取っておくべきです。

インターネットでの通信は、瞬時に全世界の人がこれを受信することができ、残存しますから影響力が大きいのです。

そういう政治家とのパーティに出席した市民は、政治家と一緒のとき、自己も撮影されることを承諾したと見なされると思います。ただし、市民や政治家も、その肖像がよほど醜悪であったり、不作法であったりすると、訴訟を起こされる可能性があり、敗訴する可能性があります。

Q102 撮影した写真をホームページで公表する場合

> **Q.** 中学校時代のクラスメイトで、今は売れっ子のJポップスの歌手として活躍している友人Aがいます。中学校時代に彼と楽しそうにツーショットで撮った写真があるのですが、ホームページに掲載してよいでしょうか。

A その売れっ子の友人Aとあなたはまだ友人関係でしょうか。あなたが友人関係と思っていても、相手がそう思っていない場合があります。友人関係であっても、Aには、いろんな「しがらみ」、関係者、関係団体ができていて、Aの一存で返事ができない場合が多いでしょう。

いずれにしろ、Aに手紙を出して、あなたのホームページに掲載したい、といって、その承諾をとるべきでしょう。売れっ子となった友人には、財産権としてのパブリシティ権が働き、クレームの対象となることがあります。

また、あなたにとっては、「楽しそうにツーショット」で撮った写真であっても、Aにとっては、公表してほしくない(一般人の感性を基準として公開を欲しない事柄で、一般人に未だ知られてなく、これが公表されることによって、Aが重大な不快感をおぼえる)とAが主張すれば、プライバシー権の侵害としてクレームがつく懸念があります。

> **Q.** フィギュアが好きで、個人的に多数所有しています。ホームページで、そのコレクションを紹介したいと考えているのですが、ただ撮影して載せるのでは、当然、著作権の問題があると思います。やはり個人のサイトでも、使用料を支払うべきなのでしょうか。あるいは、撮影、加工の仕方で、使用料を支払うことなく自由に、その写真をホームページに載せることができるでしょうか。

A フィギュアが、著作権の対象である著作物であるかどうかが問題です。

　著作権法は、大量生産目的のもので、美術的なものが、美術の著作物(著作権法第10条1項4号)にあたるか、は規定せず、美術の著作物については、美術工芸品を含む(同法第2条2項)とあります。

　博多人形、チョコエッグ、仏壇彫刻については、純粋美術と同程度の美的鑑賞の対象となる高度な審美性があるとして、著作権法の保護を認めています(博多人形事件、長崎地裁佐世保支部昭和48年2月7日決定。チョコエッグ事件、大阪地裁平成16年11月25日判決。仏壇彫刻、神戸地裁姫路支部昭和54年7月9日判決)。

　純粋美術と同程度の美的鑑賞の対象となる高度な審美性が認められないとして、ファービー人形事件、プチホルダー事件では、著作物でないとしています(ファービー人形事件、仙台高裁平成14年7月9日判決(刑事)、プチホルダー事件、東京地裁平成20年7月4日判決)。

　フィギュアが、著作物である場合、そこに著作物と思われるものが含まれている場合、その制作者が著作権者であると推定されますから、その制作者へ連絡して、ホームページへ掲載する旨を告げて(複製の)許諾をとるべきです。

　また、「撮影、加工の仕方で、使用料を支払うことなく自由に、その写真をホームページに載せることができる」か、とのことですが、著作権法第32条に「引用」の条文があります。

　「第32条1項　公表された著作物は、引用して利用することができる。この場合において、その引用は、公正な慣行に合致するものであり、かつ、報道、批評、研究その他の引用の目的上正当な範囲内で行なわれるものでなければならない。」

　あなたが、フィギュアについて論じる文章を書いて、その文脈上、必要なあなたのコレクションを掲載し、これについて、説明を加えるなどして、「引用」と認められる仕方で掲載すれば、いいでしょう。

Q103 ホームページに掲載されている写真の肖像権

Q. 学生の頃、参加していた学内サークルのホームページに「OB紹介」として私の若い頃の写真が掲載されていました。そのサークルとは、学校を卒業してから一切交流がなく、写真が使われていることも最近までまったく知りませんでした。私の写真は、コンパで酔って上半身裸になっているもので、他人に見られたくない恥ずかしいものです。写真の掲載をやめるようホームページの運営者に申し出たのですが、その写真を撮った人間の許可は得ているし、面白い写真なので削除するつもりはないとの返事でした。このサークルの行為は法律に触れないのでしょうか？

A. 人の肖像を撮った写真が著作物である場合、この写真を利用するには、①被写体である肖像本人の持つ肖像権の処理及び②撮影者の持つ写真の著作権の権利処理が必要です。

運営者は、写真の著作権の権利処理のみしかしていないのです。あなたは、肖像権侵害で運営者を訴えれば勝訴するでしょう。写真によりますが、プライバシー権侵害で訴えても勝つでしょう。

Q104 後ろ姿と肖像権

Q. 街中の人の後ろ姿に魅せられて、スナップ写真を撮り続けている。後ろ姿だからあまり文句はいわれないし、許諾を得ないまま「後ろ姿」のスナップ写真をブログに掲載している。この場合、盗撮行為や肖像権侵害になりますか?

A. 人の肖像は、その人固有のもので、他人から区別され、その人の人格的価値を表象しています。これに反して、その人の「後ろ姿」は、誰の後ろ姿かは、即座にわかりません。

したがって、人の「後ろ姿」を無断で撮影し、その写真を、あなたのブログに掲載しても肖像権侵害にあたらず、かまわないと考えます。ただ、その「後ろ姿」が誰であるかがわかるようであれば、肖像権の問題になります。

Q105 パブリシティ権と私的利用

Q. プロ野球の球団による「ファンとの集い」感謝デーに参加、有名選手と2人3脚や玉入れ、サイン会など、参加者全員が本当に楽しそうでした。そんな様子をスナップ、スポーツ関係のフォトコンテストに出品したいのですが、選手やコーチの肖像権は球団の許可が必要でしょうか? また、ポストカードを制作して、親しいファンクラブの人たちに頒布したいのですが。

A プロ野球の選手は、次のような「プロ野球統一契約書」を結んでいます。

「第16条(写真と出演)球団が指示する場合、選手は写真、映画、テレビジョンに撮影されることを承諾する。なお、選手はこのような写真出演等にかんする肖像権、著作権等のすべてが球団に属し、また球団が宣伝目的のためにいかなる方法でそれらを利用しても、異議を申し立てないことを承認する。なおこれによって球団が金銭の利益を受けるとき、選手は適当な分配金を受けることができる。さらに選手は球団の承諾なく、公衆の面前に出演し、ラジオ、テレビジョンのプログラムに参加し、写真の撮影を認め、新聞雑誌の記事を書き、これを後援し、また商品の広告に関与しないことを承諾する。」

プロ野球の球団が主催する「ファンとの集い」感謝デーにおける選手の著作権、肖像権(パブリシティ権)の使用許諾権は、球団が持っています。譲渡性のない人格権としての肖像権は、選手にあります。

そこで、選手と一緒に撮ったスナップ写真をあなたが、自分のアルバムに貼ったりすることは、著作権者、パブリシティ権の使用許諾の窓口である球団です。「フォトコンテスト」に出品する場合、球団に相談すべきでしょう。

「また、ポストカードを制作して、親しいファンクラブの人たちに頒布」することについても、球団に相談すべきです。写真が、選手にとって不都合なものである場合、球団を通じて、選手の了解を取らねばなりません。

> Q. サイン会で俳優の写真を撮りました。友人たちにその俳優のファンが多いので、写真画像をメールに添付して配布したところ、肖像権の侵害ではないかといわれました。お金は取っていないのに問題になるでしょうか。

A 「サイン会で」ということは、その俳優の所属する芸能プロダクションが主催していると思われます。俳優は、その芸能プロダクションが主催する場合、あるいは指図して会合に行かせる場合、契約で、俳優

の肖像の取扱いについて、プロダクションが権利を持つか、少なくとも窓口になると定めています。

　芸能プロダクションの担当者に、「俳優の写真を撮った。この写真画像を友人にメールで送ってよいか」と聞いてみて、承諾を取ってください。おそらく、許可しないでしょう。

> **Q.** 幼稚園のクリスマス会に、同じクラスの女の子の母親として有名女優が同席、お遊戯や、プレゼントの交換風景の中で、写真を撮った。いつもの映画やドラマの中では見られない化粧の薄い素敵な笑顔を撮ることができた。これを個人のホームページに掲載したい。

A 女優がその子どもの親として保護者会に出席していたので、写真を撮り、ホームページに掲載したいとのことですが、女優にしてみると、撮影者が同じ保護者であり、無断で撮影されても、撮影者が個人のアルバムに貼る、家族や少数の友人に写真を見せることについては、暗黙の了解、承諾を与えているかもしれません。そのため、訴訟を起こされることはないでしょう。しかし、写真をホームページに掲載することについては、女優本人に承諾を求めなければなりません。おそらく、拒絶されるでしょう。

Q106 自分の写真の無断使用

Q. 1年前に、写真館で家族写真を撮りましたが、1カ月くらい前に、それが大きく現像され、その写真館の窓口に展示されました。その前に何の連絡もしてくれなかったので、びっくりしました。営業写真館がお客さんを撮った写真を展示するには何か業界規則がないのでしょうか。こちらがどうやって交渉すればいいのでしょうか。

A. 営業写真館の経営者は、お客さんの家族写真を撮影し、その「著作権」を持っているので、その写真を拡大して、複製してもいいと思ったのでしょう。

しかし、写された家族は、「肖像権」を持っており、拡大して写真館の窓口に掲示することについては、改めて家族の承諾を取るべきです。

写真館へ出向き、展示されては困る、撤去してほしいと述べるべきです。

写された方は、営業写真館に撮影を依頼し、撮影されたものの「複製物」を対価を支払って入手した関係にあり、以上の条件は承諾していないからです。

窓口での展示を家族の皆さんがかまわないと考え、放置しておけば、写真館も世間も展示を許していると考えます。

Q107 故人の肖像権

Q. 故人の肖像を無許諾で広告に使っていいですか。

A 故人の肖像を使用する場合、まずは人格権としての肖像権を侵害していないかどうか考える必要があります。

ア、故人の人格権を保護している規定として、日本では、著作権法第60条（著作者が存しなくなった後における人格的利益の保護）及び第101条の3（実演家の死後における人格的利益の保護）の規定があり、第116条がその保護のための措置のことを規定しています。

イ、刑法第230条第2項「死者の名誉を毀損した者は、虚偽の事実を摘示することによってした場合でなければ、罰しない。」とあり、刑事訴訟法第233条1項は「死者の名誉を毀損した罪については、死者の親族又は子孫は、告訴をすることができる。」2項「名誉を毀損した罪について被害者が告訴をしないで死亡したときも、前項と同様である。ただし、被害者の明示した意思に反することはできない。」とあります。

故人が芸能人やタレントといった実演家の場合、「実演家が生存しているとしたならばその実演家人格権の侵害となるべき行為をしてはならない。」（著作権法第101条の3）とありますから、連続した実演の録音、録画について、故人の氏名表示権または同一性保持権が侵害された場合、保護があります。故人の肖像の出る録音録画物で、氏名がなかったり、同一性が侵害されている場合に主張できます。

また、故人の名誉を虚偽の事実を摘示することによって毀損した者に対しては、告訴して罰することができますが、肖像と関連がなければならず、これは使えないでしょう。ただ、故人の名誉を侵害されたことにより、近親者であるなどの関係者が自分自身が、精神的に損害を被ったとして、損害賠償を請求して認められる判決例はあります。

また、財産権としての肖像権、すなわち肖像パブリシティ権については、どうでしょうか。

日本では肖像権（人格権）、パブリシティ権について法律がなく、判例が肖像に関する法を形成しています。

多くの判例や学説は、商品に俳優、スポーツ選手などの肖像を付着したり、企業などが雑誌新聞に広告する際、その広告中に俳優、スポーツ選手を掲載し、読者の目を引くが、これは俳優、スポーツ選手が肖像について、

財産価値があること、その内実は顧客吸引力であるとして、パブリシティ権があると認めています。最高裁平成24年2月2日判決は、パブリシティ権を「人格権に由来する、個人が有する肖像の顧客吸引力がみだりにその利用をされない権利」としました。

パブリシティ権については、日本では、これを認めた判決例は多いのですが、死者の肖像については、パブリシティ権を認めた判例はまだありません。

「故人の肖像を無許諾で広告に使っていいですか。」という質問について、故人の肖像が遺族の感情を害しない、故人や近親者の名誉を毀損しないような使い方であれば、いいのでないかと思います。

Q108 動物の肖像権

Q. 一般人が、動物（飼い犬または猫、飼い主のいない、または飼い主不明の犬や猫）などをスナップ撮影して写真集、ポストカード、ホームページ、ブログなどに使用してよいでしょうか。

A 犬や猫など動物に「肖像権」はありません。所有者がいても、写真撮影し、自由に使えます。所有者に断るのが、礼儀上望ましいのですが、犬や猫自体のみを撮影して、新聞、雑誌、写真集などに掲載し、あるいはホームページ、ブログに掲載してもかまいません。

Q. 許諾を得ずに撮った動物の写真を広告に使ってもいいですか。

A 犬や猫などの動物の写真を、その所有者の許諾を得ずに撮影し、これを広告に使うことは、自由です。

競馬馬の名前をコンピュータ・ゲームに使用することについて、最高裁

平成 16 年 2 月 13 日判決(ギャロップレーサー事件)(民集 58 巻 2 号 311 頁 判時 1863 号 25 頁)は、犬や猫、馬などの「物のパブリシティ権(氏名・肖像の財産権)」を明確に否定しています。

Q109 肖像権にかかわる最高裁判決

Q. 肖像権、パブリシティ権は、日本では法律に根拠がなく、判例によって形成されてきたといいます。重要な判例について教えてください。

A. (1)最高裁昭和 44 年 12 月 24 日大法廷判決(刑集 23 巻 12 号 1625 頁、判時 557 号 18 頁)

京都府学連事件――「何人もその承諾なしに容貌等の撮影されない自由」があると認めた。

[事案の概要]

昭和 37 年当時、京都府学連のデモ行進の参加者が、京都市条例である「集会、集団行進及び集団示威運動に関する条例」の許可条件に違反したとして、警察官がデモ行進参加者の肖像、状況を撮影し、これに抗議した参加者が警察官を旗竿で傷つけ、公務執行妨害罪、傷害罪で起訴され、被告人が肖像権を主張した事案です。

[判決要旨]

1. 何人も、その承諾なしに、みだりにその容貌・姿態を撮影されない自由を有し、警察官が正当な理由もないのに、個人の容貌等を撮影することは、憲法 13 条の趣旨に反し許されない。2. 警察官による個人の容貌等の写真撮影は、現に犯罪が行われもしくは行われた後、間がないと認められる場合であって、証拠保全の必要性及び緊急性があり、その撮影が一般的に許容される限度を超えない相当な方法をもって行われるときは、撮影

される本人の同意がなく、また裁判官の令状がなくても、憲法第13条、第35条に違反しない。

1. この最高裁判決は、刑事事件の判決であるが、「何人もその承諾なしに容貌等の撮影されない自由」があるとして、「肖像権」の言葉は用いないものの、撮影に対する拒否権としての「肖像権」が認められたと受け取られました。
2. は、警察官は、自由に撮影できるのでなく、現行犯逮捕のような状況、これに準ずる状況での撮影を認めたものとし、警察官の撮影に制約があることを示したことで重要です。

(2) 最高裁平成17年11月10日判決（民集59巻9号2428頁、判時1925号84頁）
「フォーカス」法廷内隠し撮り事件——肖像権侵害の新基準を示した。
［事案の概要］
いわゆる和歌山カレー毒物混入事件で殺人罪に問われている被告人が、写真週刊誌「フォーカス」が、被告人を隠し撮りした写真および似顔絵を掲載したため、週刊誌発行社と編集長に対し、肖像権侵害等の不法行為を理由に慰藉料等の支払いと謝罪広告の掲載を求めて訴えた事案です。
［判決要旨］
1. ある者の容貌等をその承諾なく撮影することが不法行為上違法となるかどうかは、被撮影者の社会的地位、撮影された被撮影者の活動内容、撮影の場所、撮影の目的、撮影の態様、撮影の必要性等を総合考慮して、被撮影者の人格的利益の侵害が社会生活上受忍の限度を超えるものといえるかどうかを判断して決すべきである。また、人は、自己の容貌等を撮影された写真をみだりに公表されない人格的利益を有する。撮影が違法と評価される場合、その容貌等が撮影された写真を公表する行為は、違法性を有する。
2. 写真週刊誌のカメラマンが、法廷において、刑事事件被疑者の容貌等を承諾なく撮影した行為は、手錠をされ、腰縄を付けられた状態での同人の容貌等を裁判所の許可なく隠し撮りした状況下では違法である。

3．人は、自己の容貌等を描写したイラスト画についても、これをみだりに公表されない人格的利益を有する。
4．刑事事件の被告人について、法廷で訴訟関係人から資料を見せられている状態等のイラスト画を新聞雑誌に掲載することは社会的に是認された行為で、合法である。
5．刑事事件の被告人について、法廷において、手錠、腰縄により身体の拘束を受けている状態のイラスト画を公表する行為は、被上告人を侮辱し、名誉感情を侵害するもので、違法である。

(3)最高裁平成24年2月2日判決(平成21年(受)第2056号)
ピンク・レディー事件——最高裁でパブリシティ権を初めて定義し、パブリシティ権侵害の基準を示した。
［事案の概要］
女性デュオ「ピンク・レディー」の白黒写真14枚を女性週刊誌「女性自身」が、ダイエット法の解説記事に添えて、肖像本人に無断で掲載したことで、パブリシティ権の侵害に当たるとして、「女性自身」発行の光文社に対し、不法行為に基づいて損害賠償の支払いを求めた事案です。
［判決要旨］
1．人の氏名、肖像等は、個人の人格の象徴であるから、当該個人は、人格権に由来するものとして、これを利用されない権利を有する。
2．肖像等は、商品の販売等を促進する顧客吸引力を有する場合があり、このような顧客吸引力を排他的に利用する権利—これをパブリシティ権といい、肖像等それ自体の商業的価値に基づくから、人格権の一内容を構成する。
3．肖像等に顧客吸引力を有する者は、肖像等の使用を正当な表現行為として受忍しなければならない場合もある。
4．肖像等を無断で使用する行為は、①肖像等それ自体を独立して鑑賞の対象となる商品等として使用し、②商品等の差別化を図る目的で肖像等を商品等に付し、③肖像等を商品等の広告として使用するなど、「専ら肖像等の有する顧客吸引力の利用を目的とする」場合には、パブリシティ権と

して、不法行為法上違法である。
5. 被上告人光文社が、写真を上告人ピンク・レディーに無断で掲載した行為は、専ら上告人らの肖像の有する顧客吸引力の利用を目的とするものといえず、不法行為であるといえない。

契約と写真の著作権

石新智規
(西川シドリーオースティン法律事務所・外国法共同事業)

写真の著作権は、いうまでもなく著作権法によって保護されています。確かに、不法な権利侵害行為に対しては、差止請求や損害賠償請求を求めることが可能です。

しかし、もっとも重要なことは、写真の利用許諾をする場面における権利処理です。そこできちんとした権利処理がなされなければ、利用者と著作権者の思惑がずれ、写真が著作権者の意図せぬ方向で利用される結果を生みかねません。逆にいえば、きちんとした契約があれば、未然に防ぐことのできる紛争も数多くあるのです。

元より著作権法も契約による処理の重要性を認識しています。

著作権法第63条1項は、「著作権者は、他人に対し、その著作物の利用を許諾することができる。」、同条2項は、「前項の許諾を得た者は、その許諾に係る利用方法及び条件の範囲内において、その許諾に係る著作物を利用することができる。」と定めています。

利用方法及び条件の範囲を決めるものこそが契約です。

しかし、残念なことながら、これまで明確な契約によって写真の著作権を処理することが一般的に励行されていたとはいいがたく、それが写真の著作権をめぐる紛争を生み、引いては写真の著作権者にも、その利用者にも不幸な結果となることも多く見受けられました。

そして、契約の重要性は、デジタル時代の現代において増すばかりです。ご承知のとおり、デジタル技術の急速な進展及び普及により、著作物の利用形態は多様化し、著作物の拡散は続いています。

たとえば、紙媒体に用いられた写真が、書籍・雑誌の電子化によって電子化されて利用され、ソーシャルネットサービス等の新しいメディアでは包括的・統一的な規約によって、その場に提供される写真の著作権が処理される時代です。

写真の著作権を契約によってきちんと処理することは、写真の著作者が自ら創作した写真に対する自らの権利を守るために不可欠になったといってもいいすぎではない時代なのです。

この章では、実際に契約において利用許諾の範囲を明確にしておけば防ぐことができた事例を中心にご紹介します。

Q110 著作者人格権の不行使特約

Q. ウェブサイトの利用規約などで、「著作者人格権の不行使特約」というものがあると聞きましたが、それはどのようなものですか。

A 著作者人格権は、公表権(著作権法第18条)、氏名表示権(同19条)及び同一性保持権(同20条)からなる権利です。著作者人格権は、名称からもわかるとおり、著作者の人格に根ざした権利であるため、一般的にはその放棄や譲渡はできないと考えられています(それを可能とする見解もありますが、少数説といってよいでしょう)。

著作権(複製権や公衆送信権など)とは別に、著作者に一身専属的に(その著作者のみに)帰属している権利であり、たとえば、著作権の譲渡を受けた者又は利用許諾を受けた者は、著作者人格権について権利処理をせず、その対象の著作物を変形したり、著作者の氏名表示を省略して利用した場合、著作者人格権(同一性保持権、氏名表示権)の侵害となります。

利用する側としては、著作権とともに著作者人格権の譲渡も受けられると簡便でしょうが、前述のとおり人格権という権利の性質上それは困難であると理解されています。そこで、その代わりに一般に行われるのが、「著作者人格権の不行使特約」の締結です。文字通り、著作者人格権を行使しないことに合意することを意味します。著作権がさらに譲渡されたり、再利用許諾されたりする場合に備え、著作権の譲渡や利用許諾の相手方に対してのみではなく、その相手方が指定する第三者に対しても行使しない旨の合意を定めるのが実務上一般的です。

ただし、一旦不行使特約の合意をした場合には、その後、いかなる変形利用がなされても「著作者人格権の不行使特約」ゆえに人格権の行使が否定されるかについては議論があり、著作者がまったく予想もしなかった利用形態について不行使特約の効力は及ばないとする見解も有力です。

人格権という権利の性質上そのように解釈する余地は十分にありますし、裁判例もないことから、著作者人格権の契約による処理のあり方は、今後解決が求められる喫緊の課題ともいえます。

Q111 出版権設定契約

Q. ある出版社が写真と紀行文から構成される書籍を出版しました。その出版について、編集担当者から出版権設定契約をお願いしたいといわれました。出版権設定契約とはどのようなものですか。

A. 著作権法第79条は、「第21条に規定する権利を有する者（以下この章において「複製権者」という）は、その著作物を文書若しくは図画として出版すること又は当該方式により記録媒体に記録された当該著作物の複製物を用いて公衆送信を行うことを引き受ける者に対し、出版権を設定することができる。」と定めています。この条文に規定されている出版権を設定する契約が、出版権設定契約です。

著作権法第63条1項は、「著作権者は、他人に対し、その著作物の利用を許諾することができる。」と定めており、通常、著作権者が著作物について利用許諾（ライセンスとも呼ばれます）する場合には、この利用許諾契約が締結されます。著作物の利用について、契約当事者間でのみ効力を生じるだけの利用許諾契約が締結されるのが一般的です。

ところで、著作物の利用形態の中で、「出版」という形態が非常にオーソドックスかつ多用されるものであることは異論のないところだと思われます。そのため、著作権法は、「出版」についてのみ、一般的な利用許諾とは別に「出版権」という特別な権利の設定を認めています。

出版権設定契約は、契約当事者のみにその効力を主張することができる

利用許諾契約とは異なり、その効力を契約当事者以外の第三者にも主張することができる強力な権利を生み出すものです。一般的な利用許諾契約の被許諾者(出版社など)は、出版物について第三者による権利侵害行為があっても、第三者に対して損害賠償請求や差止請求をする根拠を持たず、著作者ないし著作権者のみがこれらを行い得ることになりますが、出版権の設定を受けた出版権者(出版社等)は、侵害行為を行う第三者に対し、自ら単独で損害賠償請求や差止請求をすることができます。

このように、出版権の設定を受けた場合、出版権者は通常の利用許諾契約では得られない強力な権利を得ますが、他方、原則として、当該著作物を出版する義務を負担します(著作権法第81条)。

以上のような第三者に対しても効力を主張することができる出版権は、登録をしなければ第三者に対抗することができない(著作権法第88条)とされていることにもご注意ください(登録の煩瑣ゆえに、実務上使い勝手の悪い面があることは否定できません)。

Q112 国の法律適用

> Q. 海外で写真を撮影した写真の写真集を、撮影した国とは異なる国の出版社から出版し、さらに別の国で販売しています。どの国の法律が適用されるのでしょうか。

A 著作権の保護は、保護される著作権の具体的な権利(支分権)に抵触する行為が行われる国の法律が原則として適用されます。著作権の保護は国ごとに異なるからです。

実際には、ベルヌ条約、万国著作権条約及びWIPO著作権条約などを通じて国際的に統一的な著作権保護が実現される環境が整備されてきていますが、細部では各国ごとに著作権保護の態様は異なっています。

たとえば、同じベルヌ条約加盟国でありながら、一般的な権利制限規定（フェアユース）を有している米国と有しない日本、逆に、明確な著作者人格権保護の明文規定を有している日本とそうではない米国といった例からも窺い知ることができます。ましてや、著作物性や侵害の成否といった個別具体的な判断基準の相違も考慮すれば、国ごとの相違は看過できません。

したがって、原則として、著作物の利用行為（著作権法上の権利に抵触する行為）が行われる国の著作権法に基づくのが原則です。たとえば、昨今話題となったグーグルインクによる書籍の大量スキャニング行為（いわゆるGoogle Book Search Project）は米国内で行われ、それゆえに米国著作権法上のフェアユース規定により適法視されるかが論点となっています（2015年10月16日、第2巡回区控訴裁判所は、Google Book Searchをフェアユースであると判断。Authors Guildは上訴する見込みである）。このスキャン行為が米国内で行われている以上、仮にスキャンされる対象に日本人の著者の日本で発行された著作物が含まれていたとしても、適用される著作権法は米国法であり、日本の著作権者がいかに著作権侵害であると訴えても、米国でフェアユース（米国著作権法第107条）と判断される場合には、米国内においては適法な行為となるわけです。

もっとも、どこの国の法律が適用されるのか不明なのは不便なことも多いので、著作権譲渡契約や著作物利用許諾契約中に、どの国の法律に依拠して契約を解釈すべきかを定めておき、契約当事者間では、その準拠法に従った処理を求めることは可能です。ただし、契約当事者間のビジネス上の力関係によって準拠法は選択されてしまうことが実務上は一般的です。

Q113 フォトコンテストの応募要項

> **Q.** フォトコンテストの応募要項に、応募作品の著作権は主催者に帰属するというものがありますが、どういう意味でしょうか。自分の作品なのに著作権がなくなってしまうということでしょうか。

A 通常は、「著作権の譲渡」を意味することが多いと思われます。
「○○に著作権が帰属します」という表現をよく見かけます。法的には、著作権者が著作権を○○に譲渡することを意味すると考えられます。したがって、ご質問のような記載が応募要項にある場合には、フォトコンテストに応募したことをもって、応募写真の著作権を主催者に譲渡することに合意したものと解釈されますので要注意です。

ただし、著作権法第27条(翻案権)、同28条(二次的著作物に対する権利)は「著作権が帰属する」、「著作権を譲渡する」という文言だけでは当然には移転しません。著作権法第61条は、「著作権を譲渡する契約において、第27条又は第28条に規定する権利が譲渡の目的として特掲されていないときは、これらの権利は、譲渡した者に留保されたものと推定する。」と定めています。この条文は、あえて著作権法第27条及び第28条の権利も譲渡の対象に含めていることを明示しなければ、移転されていないと推定するものです。

したがって、単に「著作権は○○に帰属します」と定めているだけの応募要項の場合、応募した写真に関する著作権法第27条(翻案権)、同28条(二次的著作物に対する権利)の権利は、いずれも著作者ないしは著作権者の元に残ったままであるという点も、実務上、重要なポイントです。

Q114 写真の「買取り」

> **Q.** 出版社から連絡があり、私がブログにアップしていた写真を雑誌に使いたいといわれました。「買取り」ということで謝礼をもらったところ、その後、雑誌を電子書籍化した上、それ以外にもいろいろと使っていることがわかりました。私は、あくまでその雑誌（紙媒体）に掲載することだけを了解したつもりでした。「買取り」とは著作権を譲渡することを意味するのでしょうか。

A 著作権譲渡を意味するとは限りません。

「買取り」は法律上の用語ではなく、当事者がその用語をどのような趣旨で用いたかによって効果が異なります。本件では、出版社は、「買取り」を「著作権譲渡」または「（雑誌に限られない）無制限の利用許諾」という趣旨で理解していたようです。

他方、写真の著作者は、当該雑誌（紙媒体）のみの複製許諾をしただけの意思だったということになります。

このような場合、著作者としては出版社に抗議することになりますが、「買取り」という取り決めがどのような意味合いで用いられたのかを、実際の対価や合意当時の具体的事情（出版社側の説明や撮影者の意思表示など）を踏まえて解釈し、「買取り」に「著作権譲渡」の意味まで認められなくとも、「無制限の利用許諾」と認められるような場合、電子書籍化やその他の利用について、利用差止や追加使用料（ないし損害賠償）の請求をすることはできません。

そのような事態を避けるためにも、利用許諾の範囲は合意時に明確にし、「買取り」の意味について当事者の理解を一致させておくことが非常に大切です。

Q115 利用許諾の範囲

> Q. 数年前、広告代理店の依頼で、あるパンフレット用のポジ4コマを貸し出し、使用を許諾し、原稿料もいただきました。ところが今年になって、同じ写真が別の印刷物に使用されていることがわかりました。おそらく、印刷用にデジタル処理して保存していた画像データを使用しています。この場合、どのような対処をとるべきでしょうか。

A. まず、数年前の使用許諾の内容を確認する必要があります。
　パンフレット使用のために利用許諾したとのことですが、広告代理店との契約が、当該パンフレットに限り使用する1回限りの利用許諾との合意に基づき原稿料を受領したかが重要です。広告代理店としては、当時、広告代理店が利用する限り無制限の利用許諾を受けたと主張することが考えられます。

　当時、パンフレットのみに使用するという限定的な合意しかないとすれば、今回の広告代理店の写真の利用は著作権(複製権)侵害となりますので、使用の差止(著作権法第112条)と損害賠償請求(民法第709条)をすることが可能です。

　本件に限らず、当初、利用許諾の範囲を(二次利用等を含め)明確にしておくだけで、無用の紛争を予防することが可能です。

Q116 法人著作

Q. フリーの写真家です。便宜上、ある出版社の嘱託として仕事をしています。過去に撮影した写真を利用して個展を開こうとしたところ、写真の著作権は出版社に帰属しているといわれ、個展での使用を拒絶されました。自分で撮影した写真なのに使用できないのでしょうか。

A. 原則として使用できると思われます。

自分で撮影した写真の著作者は自分自身であり、当該写真に対する著作権は撮影者に帰属します。

ただし、例外があります。著作権法第15条は、「法人その他使用者（以下この条において「法人等」という。）の発意に基づきその法人等の業務に従事する者が職務上作成する著作物（プログラムの著作物を除く。）で、その法人等が自己の著作の名義の下に公表するものの著作者は、その作成の時における契約、勤務規則その他に別段の定めがない限り、その法人等とする。」と定め、一定の要件の下、撮影行為を行った者ではない法人等が著作者となる旨を規定しています（職務著作または法人著作と呼ばれます）。

著作権が出版社に帰属するという本問での出版社の主張は、この規定に基づき、出版社が著作者であると主張しているものと思われます。

では、出版社の主張は正当でしょうか。

著作権法第15条は、以下の4つの要件を定めています。

① 著作物が使用者の発意に基づいて作成されたこと。
② 法人等の業務に従事する者（従業者）が作成したものであること。
③ 従業者が職務上作成した著作物であること。
④ 法人等が自己の著作の名義の下に公表する著作物であること。

特に本問で問題となるのは②の要件です。②の「従業者」とは、使用者と雇用契約を締結している者のほか、必ずしも雇用契約に限定することな

く、諸般の事情から雇用関係から生じるような指揮・命令関係がある場合には、同条における「従業者」となると解釈されています。

　したがって、撮影者と出版社の関係が、「雇用」ではなく「嘱託」であるという一事では職務著作が成立しないと断定できませんが、具体的事情の下で、出版社から指揮・監督を受けることなく撮影した写真であるといえる場合には職務著作の成立は否定（②の要件を充足しない）されます。

　その結果、著作者は撮影者本人ということになり、自身の個展に当該写真を利用することは自由です。なお、著作権法第 15 条は、「その作成の時における契約、勤務規則その他別段の定めがない限り」と定めています。自分の著作物か法人等の著作物かの紛争を回避するために、契約によってその範囲を明確にしておくことが望まれます。

第三章

新しいメディアと写真著作権
山田健太
専修大学文学部教授

今、プロの世界でもアマチュアの世界でも、写真がデジタルで処理される時代になっています。その中で、今まで「当たり前」だったことが、常識や前提として通じない状況が起きています。たとえば、撮影技術や記録・保存の方法、あるいは撮った写真の送り方や見せ方ひとつをとっても、アナログの時代と現在とではまったく異なっていることは、今さら説明するまでもありません[1]。ただし、これらの変化が「写真」の本質をどう変え、さらに変えつつあるかについては、まだ議論が不足している点も多く、それがために写真あるいは写真家の何を制度として守るのかが揺れているのが現状です。だからこそ、技術の発達に伴う新しいメディアの登場によって、写真表現の自由度がさらに増し、1枚の写真の奥深さや面白さをより多くの人が共有できるよう、その表現活動を支える社会的ルールのひとつとして、写真著作権がうまく活用されることが期待されます。本節は、そのための基礎的なノウハウと検討課題を示すものです。

1 デジタル時代の〈写真〉

(1) ホンモノの再生産

　写真に限らず、デジタルデータ化された作品のコピーはその瞬間、「たかがコピー」ではなくなります。従来は、コピーのコピーを孫コピーと呼んでいたように、複写はそれ自体、質の劣化を招き、その労力や経費も大きなものでした。だからこそ、個人のレベルでの複写行為はたかが知れていたわけで、初めから違法な海賊版商法を狙ったような複写行為を除いては、写真家はじめ表現者自身も、それほど目くじら立てることなく、鷹揚

---

1) 新聞カメラマンに焦点を当て、アナログ・デジタル写真の相違をハード・ソフト両面から検証したものとして、たとえば『デジタルフォトジャーナリズム』(日本新聞博物館、2002年)がある。

に構えていられたのです。

しかし今は違います。いったん、オリジナルデータが流れてしまっては、それはもう取り返しがつかない事態を生んでしまいかねません。まったく同じ作品が無限に世界中に出回ってしまう可能性を秘めており、それは莫大な労力(そして資金)を投入しても、回収できるかどうかは定かではありません。このように、デジタル化は、簡単にコピーを量産し、かつそのコピーは質の劣化を招くことなく、オリジナルと同じものがある意味で表現者の意図とはまったく無関係に未来永劫、拡大再生産されていくのです。これがデジタル写真のひとつ目の特徴です。

だからこそ、自身が撮影した写真データのオリジナル性をいかに担保するかが問われます。そのもっとも単純かつ確実な方法は、オリジナルデータ同等のコピーは一切作らない(他者に譲渡しない)ということです。極端な話、たとえ写真集を出版する出版社(印刷会社)であっても、第三者に渡るデータは解像度(画質)を意図的に落とすことによって、オリジナルとの差異が保持されます。ましてや、ネット上で公開(配信)するような場合は、容量を軽くする意味からも格段に画質を落とすことは今では常識になっていますが、プロである限り自身の作品を守るための自己責任の範疇といえましょう。唯一のオリジナル性すなわち自分だけがホンモノを保持することは、著作権を主張する際の必要最小限の前提でもあるからです。

(2) オリジナルの不存在

そういっておきながらちょっと矛盾したことをいいますが、ふたつ目の特徴としては、いったんデジタル化された作品は、第三者からはどれがホンモノか見分けがつかなくなるということがあります。もちろん最初に述べたように、デジタルデータ(ネオデジタルもしくはアナログ状態からデジタル化されたデータ)をコピーする場合、元データと寸分たがわぬものがコピーデータとして存在するわけですから、少なくとも「見た目」でという限りどちらがオリジナルかを議論してもむしろ意味がないともいえます。

しかしそれ以上に写真にとって大きいことは、これまで「紙」の時代に

は印画紙に固定させることによって「作品」が誕生したわけですが、デジタル化された写真は永久に固定化されることなく、浮遊する可能性が生まれてしまったことになります。すなわち、どのような大きさにするか、解像度にするか、さらにいうならばどのような彩度で見るかも、まさに見る人次第であるわけで、その人のビューアー（たとえばパソコンの性能や機種）等の環境によって、大きく左右されることになってしまいます。

そこにおいて、〈自分の作品〉というものは極端にいえば存在しなくなり、単なる〈自分が見てもらいたいと希望する作品〉に過ぎなくなるのです。著作権の中核は著作者人格権であり、あくまでも表現者（写真家）の創造的行為へのリスペクトでなくてはなりません。そして、その尊重の仕方として日本では、「同一性保持権」すなわち勝手に他者が改竄することを絶対的に禁じています。しかしデジタル写真においては、文章や音曲と違って送り手がイメージする写真と同じものを受け手に見てもらうことは物理的にほぼ不可能になってしまうのです[2]。

さらにいえば、こうした改変の防波堤が極めて低くなることは、まさに「出来心」の無断使用や改竄を生む結果になることでしょう。やってはいけないという内在的な歯止めである、いわば〈精神的結界〉が限りなくなくなる現象が生じているのです。もちろん、地道な情報リテラシー教育（デジタル時代の情報取扱いのルールに関する啓蒙・啓発や教育・研修）や罰則の強化等による威嚇も多少は有効かもしれません。しかしながら、技術の進歩によって招いたこうした状況は、ある種技術の進歩でカバーするしかないのかもしれません。たとえば、電子すかし技術等によるコピーの防止や禁止です。しかし行き過ぎた防止策は、著作権の基本的な精神である文化の継承のための権利制限の例外を無意味化する恐れもあり、表現者である写真家にとっても必ずしもベストの選択でないことも理解しておく必要があります。

---

[2] 文章でも似たような現象は起こりうる。たとえば、旧字体（異字体）が表示されるかどうかは、そのパソコン等のハードもしくはアプリケーション等のソフト環境に左右されるし、行変えやページレイアウトで生み出されるリズム（縦組みか横組みかも含め）は、読者に伝わらなくなる可能性が高い。

(3) 同一性保持の喪失

　さらに3つ目には、この点とも関係しますが、意図的あるいは無意識にデータの改変が行なわれる可能性があり、しかもそれを表現者が知ることは極めて困難であるということです。確信的に悪意を持って改竄を加える場合は論外ですが、その場合ですら、善意の第三者がその改変を知ることは、これまでのアナログ（紙）の時代に比較して困難を伴います。痕跡がまったく残らない場合が一般的だからです。しかしより厄介なのは、無意識の改変が日常的に起こりうる可能性があることです。

　少なくとも紙の場合には、無意識に焼きつけた写真を改竄することは不可能でした。しかしデジタルの場合は、たとえば明るさにしろ、色調にしろ、正解はあってないようなものです。手元にもし、撮影者本人の焼きつけたオリジナル作品があったとしても、それと同じようにパソコン画面上にデジタルデータを再現するのは至難の業です。おそらく、10人が10人、微妙に異なるデジタル作品を作り上げることになってしまうのではないでしょうか。

　場合によっては、データの仲介者が、色がくすんでいると思い良かれと思って彩度をあげる操作を行なってしまうことがあるかもしれません。しかも今後、固定化された紙の作品ではなく、デジタルデータで作品を発表するようになった場合、一番最初の配信データがオリジナルであるとしても、それはオリジナルとして保存・固定化することは物理的に極めて難しい上に、それが意味ある作業なのか疑問です。むしろ、01信号としてのデータとしてのオリジナル性は保たれるものの、むしろ誰が見ても同じという「見た目」のオリジナル作品は存在しない時代が来たといえるかもしれません。

　したがってこの点から、写真は今後、ふたつに分類して考えざるを得なくなると思います。すなわち、作品として固定化されたアナログ写真と、データとして存在し受け手に見方を委ねるデジタル写真のふたつです。そして後者に関しては、信号データの同一性は保持するにしても、受け手の見え方もしくは見方については、ある程度広範な自由選択の余地を残すこ

とになるわけで、結果として「雰囲気が異なる」作品が世に出回ることについては許容せざるを得なくなるでしょう。一方で、「自分の作品」を主張するためには、可能な限り固定化されたアナログ写真を手元に保持することも権利主張には有効と思われます。

（4） 動画と静止画の未分離

　これまでは、動画（ムービー）と静止画（スチール）のあいだには厳然とした差がありました。しかし、デジタルの世界の幕開けとともに、あたかも静止画の延長線上として動画が存在するようになり、通常のカメラで動画が撮影でき、ムービーカメラ（ビデオカメラ）で撮影した動画のひとコマを静止画として扱うことが、誰でも簡単に可能になってきています。そうなると当然、このふたつを分離することは物理的に不可能になるだけでなく、峻別（区別）すること自体に意味がなくなってくることはいうまでもありません。あえていうならば、両者の違いは音声の有無かもしれません。

　しかし、連続コマ撮影（連写）の進化形が動画であることを考えれば、所詮、動画も静止画が連続したものに過ぎないといえなくもありません。現在は漫然と、撮影機材による区別と、見た目による判断を併合して、無理に区分をする状況を続けていますが、権利上は同一視する時代が近づいているといえるでしょう。しかしながら、写真の本質のひとつが、時代の瞬間を切り取ることであるとすれば、意図的な一瞬の固定化に特別な価値を見出し、そこに特別な権利性を主張することは意味があることといえます。

　技術の進歩の結果として、両者の垣根が限りなく低くなろうとも、写真を写真として捉える意味はあり続けるということです。その意味で、動画のあるひとコマを抜き出すことによって、独立の固定化した一瞬を表現する行為はまさに写真そのものであるといえ、写真としての権利性を主張することが可能となるでしょう。すなわち、撮影時のデジタルデータの絵（画）が動くか否かによって写真か否かを判断する時代は終わりを告げるときが来たといえるわけです。

　少なくとも、スチールカメラかムービー（ビデオ）かといった撮影機材に

よる判断は意味を失うと考えられ、カメラで撮影した動画が現行著作権法上の「映画の著作物」(著作権法第10条)として保護の対象になることも十分に考えられます[3]。もちろん、その逆もありうるわけで、デジタルムービーの1シーン(というよりもワンショット)が独立した写真作品として成立することもあるといえるでしょう。

2 ネットワーク時代の〈写真〉

(1) 自己コントロール権の喪失

　一方、デジタル化された写真データが、インターネット上で流通することは、それ自体新しい課題を突きつけることになりました。ネットワーク化された環境のなかでの写真の問題です。写真がデジタル化されいったんネットワークにのってしまうと、その写真データはネット上を無限定に流通することになってしまいます。そこでは、事実上、著作権者のコントロールがきかなくなる側面を否定しきれません。さらにまた、単にコントロールがきかないばかりか、自分のものでなくなってしまう危険性も包含しています。

　著作権は、著作物(たとえば写真)を公表した瞬間に自然発生的に生じるものです。国から特別に権利が付与されるといった性格ではありません。したがって、どうしても「言い得」「声が大きい者勝ち」の側面が拭いきれません。そのために、たとえばインターネット上で公開した写真を、第三者が自分のものだといいはったり、あるいはさらに厄介なこととして、公開されているデータを処理して少しアレンジしたデジタル写真を自分の

---

[3] 実際に映画を1インチフィルムで撮影する時代は過去のものとなる可能性があるし、映画のデジタル配信も一般化している。ただし、通常の劇場用「映画」が大がかりな製作態勢を有することなどから、著作権上で特別な地位にあることも否定しがたく、今しばらくは別定義が必要と思われる。

ほうがオリジナルだといいはった場合、元の撮影者に著作権があると証明する必要が出てきてしまいます[4]。

そして、もしそれが十分説得的でなければ、実際は自分が撮影したものであっても、法律上は他人のものになってしまう可能性があるのです。いわば「侵害損」といわれる側面で、著作権全般にいえることですが、写真の場合はちょっとした改変によってオリジナル性が失われやすいこともあって(たとえば、日の出を写した風景写真を簡単な色補正によって夕焼け写真にできたりする)、より慎重な取扱いが必要になるということです。たとえば、ネガフィルムを残しておくのと同様、撮影した画像データを前後のコマも含め全量保存しておくとか、撮影日時等の画像データに付随する撮影データもセットで保存しておくなどの基本的な所作の重要性です。

そもそもサイバースペース内の情報のやり取りは、情報の所有を主張することなく、利用者が情報を共有するものとした、コピーレフト(Copyleft＝著作公権)[5]の考え方が根強く残っているという側面があります。さらにこれは、多少なりとも社会(他者)に晒したものは公的なものであって、ネットで公開されても文句はいえない、という考え方にもつながっていくともいえます。写真家にとっては、公的な場所(たとえば道路等)で撮影したものは自由に利用できるということで、喜ばしい考え方かもしれません。しかしその被写体にとっては、写ることあるいは写り込むことは了解していたとしても、その結果、インターネットを通じ世界中にその情報が無期限無限定にばら撒かれることまで想像しているとは限らないといえます。

グーグルストリートビューのサービス提供にあたって、プライバシー侵害ではないかとの批判に対し、公道から見えるものにプライバシーは存在しないとの反論がなされました。しかし、たとえば表札にしても自宅の外観にしても、その場に来た人に対し「公表」しているに過ぎない「相対的

---

[4] まったく逆のケースとしては、著作権切れしているであろう写真に著作権を主張する者が現れた場合(©表示を勝手に付与している場合など)、第三者にとってその使用が制限されるのかという問題もあります。

[5] コピーレフト思想は、知的財産の保護を最小限にすべきという「ミニマリスト」の立場につながり、さらに「クリエイティブ・コモンズ」の提唱として現れる。この反対は、権利者の保護を念頭に知的財産を最大限保護すべきとの「マキシマリスト」の立場である。

な公開」(逆にいえば「相対秘」)であることを勘案すれば、無条件な公開と解釈するには無理があるといえるでしょう。この点についても、ネットワーク公開には十分な慎重さが求められることになると思います。

(2) ネットフリー意識の定着

　著作権は、「契約」によって簡単に制約されます。たとえば、ネット上の掲示板や投稿サイトに写真をアップ(投稿)する場合、著作権は「掲示板責任者に帰属します」とか「掲示板責任者に著作者人格権は主張しません」などの条件を承諾することがよくあります[6]。そうなると、せっかく有する著作権は事実上、手元には残らないばかりか、自分の意思とは無関係に投稿した写真が自由に利活用されることになってしまいます。

　もちろん、ここでの使用はタダです。この場合に限らず、私たちはインターネット上の情報の多くを無料で閲覧、利用できるがために、漫然と、ネット情報はタダとの意識が浸透している状況にあります。さらに最近は、ポータルサイトの無料提供サービスとして、写真アルバム機能が一般化しています。そのなかで「共有」「シェア」機能を利用すると、ネット上にアップした写真を指定の友人間、あるいは広く一般に公開することができるようになっています。こうしたいったん公開された写真は、いつの間にか自分の手の届かないところに広がっていくのを防ぎようがありません。

　そのうち、写真は誰のものかわからなくなり「いい写真だね」という一言で次々コピーを重ねられていくことになるでしょう。実際に、ユーチューブなどで話題の動画が、たとえ法律上等で問題があるからとしていったん削除(アクセス遮断)されても、すぐに別の第三者が投稿して、いたちごっこになっている状況から容易に想像されます。そしてこうしたなかで、写真をコピーすることには権利が発生する、使用するには対価が発生する

---

[6] たとえば、老舗投稿サイトの「2ちゃんねる」の場合、「投稿者は、掲示板運営者に対して、著作者人格権を一切行使しないことを承諾します」「投稿者は、投稿された内容及びこれに含まれる知的財産権、その他の権利につき、掲示板運営者及びその指定する者に対して、これらを日本国内外において無償で非独占的に利用する一切の権利を許諾することを承諾します」としていた(2006年当時の規定で現在は若干異なる)。

ということは、忘れ去られていくのです。

　これに対する対抗策はとても大変です。なぜなら、すでに世の中の雰囲気が、ネットにいったんあげれば、著作権は放棄したものと思え、といった状況になっているからです。したがって、自由に無料で利用することに対して、多くの人は抵抗感を持っていないでしょうし、そのなかで「有料化」を主張することは現実的でないとすらいえます。だからこそ、ネット公開する写真は「宣伝」（無償公開）と割り切るか、そうでなければセキュリティ対策がしっかりしたサイトを経由して（場合によっては契約上の歯止めもした上で）公開することが必要になってきます。

(3) 〈みんなのため〉のオールマイティ化

　もちろん、オリジナル投稿者の許諾なく勝手に写真をコピーし、さらに別の友人と共有したり一般公開することは、厳密には法律上では許されないことではありますが、もともとビジネスをしようと思っていないのであれば、少しでも多くの人に写真を見てもらえることは撮影者にとっても喜ばしいことかもしれません。そしてそれを見た友人も喜んでくれれば、みなが幸せになれるわけです。このような「みんなのため」なら著作権を厳格に適用しなくてもいいではないか、という考え方があります。

　この極めて大規模な典型例は実はグーグルのサービスに見ることができます。「グーグルブック検索（Google books）」は、自由語検索によって、本のタイトルだけではなく、本文中の言葉も含め、該当書籍を検索してくれる優れものです。表示内容は、書籍の書誌データにはじまり、該当する本文中の一節、さらにはパソコンに現在位置サービスを付与していれば、一番近い所蔵図書館や本屋にも誘導してくれますし、検索結果ページから直接、オンライン書店にリンクされていて購入もできる仕組みになっています。さらに、一部の書籍については、画面上で全文が閲読できるのです。

　どうしてこのようなことができるかといえば、もちろん、書籍を全文デジタル化しているからです。グーグルはこの膨大な作業を世界中の主要図書館と協力して進行中です。まさに、居ながらにして世界中の本が読める

夢のデジタル・ライブラリー（電子図書館）が誕生する可能性を秘めています。しかし喜んでばかりはいられません。グーグルはこの作業を、著者（著作権者）に断りなく図書館の所蔵する出版物を勝手にスキャンし、テキストデジタル化しているからです。これは日本の著作権法上は明らかに違法行為です。

　しかし最初にも書いたように、むしろ多くの一般ユーザーはとてもハッピーですし、作家にとっても、絶版になっている本をはじめ、現に売られている本であっても、儲けはたかが知れていると思えば、少しでも多くの人の目に触れてもらえるほうに喜びを感じがちです。まさに「みんなのため」になっているわけで、こうした公共的な利用の仕方を「フェア・ユース(公正利用)」と呼んで、アメリカでは著作権法上認めてきています。では、こうした行為は褒められることなのでしょうか。やっぱり、これは写真家も含む表現者にとっては困ったことに違いないのです[7]。

(4) アーカイブによる集積と利活用

　それは、著作権の根本である著作権者に対するリスペクトに欠ける行為だからです。アメリカの著作権は歴史的に、コピーライトと呼ぶように、そもそも著作者に対する権利(オーサーズライト)を認めてきていませんでした。あくまでも財産権としての著作権なのです。しかし、日本も含めヨーロッパの国々など世界の大勢は違います。やはり、著作権者に断ってコピーをするのが大原則で、これを無視していいのは、私的利用目的、教育目的、報道目的など、法律で決めた具体的な例外的な事例だけなのです。

　もちろんグーグルも、あとから「オプト・アウト(離脱)」と称する、公開が嫌だと申告すれば、データを公開しない仕組みを導入しました。でも

---

[7] 詳細はたとえば、拙稿「グーグル・ブック検索訴訟と表現の自由」『出版研究』40号(日本出版学会紀要)参照。当事者であるグーグルと作家・出版社間において2度にわたってまとめられた和解案は、日本ペンクラブをはじめ関係者の強い反対にあって、いずれも裁判所に認められなかった。米連邦巡回控訴裁は2015年10月、一審のニューヨーク南部連邦地裁と同様、同サービスはフェアユースにあたるとのグーグルの主張を認める判断を下した。グーグルの情報共有の理念は正しいにせよ、一私企業が資金力にモノをいわせて世界中の知識を独占的に収集したこと、公開の是非がコントロールされる可能性がある点、など多くの課題を残したままである。

依然として、勝手にスキャンし、それを保管・蓄積し、このアーカイブをこっそり自分のために使うことに関してはやめていないとされています[8]。今のところ、写真集についてはこのアーカイブスに原則含まれていませんが、通常の書籍のなかに掲載されている写真は当然にデジタル化されているわけです。

これに対する対抗策は残念ながら用意されていません。確かに、グーグル宛てに連絡すれば非公開措置をとってくれるかもしれませんが、その手続きを英語で行なうのは大変ですし、すでに述べたように完全にデータが削除されることはないからです。そうなるとあとは、印刷物として刊行されたものは図書館を経由してほぼ自動的にデジタル化されるものと、あらかじめ心の準備をすることが大切といえましょう。要するに、デジタル化されることを前提に写真集あるいは出版物への写真の掲載を許諾するということです。

同じことは何もアメリカだけで起きているわけではありません。日本国内においても、いよいよ国立国会図書館が全蔵書（これは建前上、日本で刊行されるすべての出版物を意味します）の電子化作業に踏み切りました。著作権法上でも、著作権者に断ることなくスキャニング（複写）をすることが認められるようになっています。そしてさらに文化庁の検討結果、近くデジタル化した出版物の配信も開始される予定です。もちろん、グーグルのようにネットで広く公開することは現時点では予定しておらず、公立図書館向けの配信に限定されますが、大きな一歩を踏み出すことに変わりはありません[9]。

今後はまず、出版あるいはネット配信の際に、デジタル化されることを前提に自分が撮った写真がどのように使われるかを、きちんと契約で確認することが大切です。同時に、出しっぱなしではなく、自分の創作物を大切にする気持を持ち続けて、少なくとも国立国会図書館のような公的機関

---

8) たとえば、自社の翻訳辞書の研究開発用など。グーグルの自動翻訳機能は、こうして収集した膨大な作品データを利用して、精度を上げているとされている。
9) 法的問題点については、拙稿「デジタル時代における作家の書く自由と読者の読む自由——デジタルアーカイブ構想から考える」『自由と正義』2011 年 7 月号参照。

やグーグルのような大企業のアーカイブ化については、自分の意思を明確に示すことが必要です。嫌なことにはノーの意思表示をするということです。

　その意味で、2011年にできた雑誌にかかわる電子配信ガイドラインは大きな意味があります。一般には弱い立場の写真家が、仕事の依頼を受けて契約を結ぶ行為や、いざというときに撮影した写真の使用を拒否できる環境を整備したといえるからです。次に、その中身を少し詳しく見ていくことにしましょう。

3　デジタル・フォト・ジャーナリズムの新たなかたち

(1)　ネット配信と著作権譲渡

　先にあげたグーグルの電子図書館構想は、訴訟にもなりましたし社会的な大きな関心を呼んだことで、グーグル自身あまり無茶ができない歯止めがかかった状況にあります。しかしそれ以外のところでは、同じような状況が次々起こっているのが実情です。アップストア（米アップル社が運営するオンライン配信サイト）では海賊版が商品として売られ、それをアップルは出品者と苦情申し立てをした原著作権者（と主張する者）のあいだの問題として、当初黙認する対応をとりました[10]。あるいは中国のバイドゥ（百度）でも多くの日本の文芸作品や楽曲がポータルサイトに掲載されました[11]。

　そのほか、日本国内においても「自炊」ブームが起こり、手持ちの書籍

---

10) その後、苦情申し立てをすると商品販売を停止する措置をとるようになっているものの、出品時において、内容審査はするが著作権の確認はしないし、プラットフォームとして違法コンテンツが掲載されることへの責任はない、との主張に変わりはない。
11) 中国本土のサイトはそのままではあるが、無断スキャニングされた作品が数多く掲載されていた日本語のサイト（日本法人が運営）については、日本ペンクラブ等の申し入れに応じ、2011年中に閉鎖された。

や雑誌等をスキャニングし、場合によってはそれらをインターネット上で紹介することが一般化してきています。もちろん、個人的にデジタル化することはなんら問題がないのですが、スキャニング行為を業として行う自炊業者もあらわれるに至り、物理的に止めることができない出版物のデジタル化への対応策が改めて問われることになったのです。

　そうしたなか、国内で雑誌を発行する大手出版社等95社（2011年1月18日現在）で構成する日本雑誌協会と、著作権者を代表する日本写真著作権協会、日本文藝家協会のあいだで、雑誌出版社が写真家等に仕事を依頼するときのルール作りが話し合われ、2010年末に「デジタル雑誌配信『権利処理ガイドライン』」[12]ができあがったわけです。

　ここでの大きなポイントは2つあって、「信託的譲渡」と「無償」です。前者は、たとえば写真家が一定期間、著作権を出版社に預けることをいいます。預けられた出版社は当然、責任を持って適正な運用をすることが求められ、そこには信頼関係がなくてはなりません。また、当初定めた一定期間を過ぎると、自動的に著作権は原著作権者である写真家に戻るのも大事な点です。また、雑誌がそのまま丸ごと配信される場合もあれば、記事ごとに配信されることも考えられるため、記事単位で契約をすることも決まりました。

　後者は、デジタル配信による追加の単価は「紙媒体の雑誌の原稿料として一括して支払う」との規定をさしています。現在のウェブ上の状況から、有料サイトというよりも宣伝目的に利用する場合など、無料で配信する場合も少なくなく、配信収入が見込めないなかで、「現時点においては込み料金」というある種の仮結論といえるでしょう。もちろん、「期間内の利用に対しては、特段の取り決めがない限り、追加の利用料支払いは発生しない」と規定されているのであって、「デジタル配信はタダ」と確定したわけではありません。有償の契約にすることは問題ありませんし、むしろ有料サイトで配信される場合などは、その利益が権利者に還元される仕組

---

12) 詳細は、日本雑誌協会ウェブサイト http://www.j-magazine.or.jp/information_006.html 参照。なお、関係する権利者が多い雑誌特有の権利関係から、こうしたガイドラインの必要性が生まれたのであって、むしろ書籍の場合は、個々の契約で対処できるし、すべきであると考えられる。

みが早急に確立される必要があります。

(2) デジタル配信と写真家の権利

　こうした権利譲渡がなされる以上、デジタル化の実行者であり、同時に配信元になる出版社には法的にも信義上でも、法的義務と社会的責務が課されることになります。たとえば、海賊版が流布した場合などは、出版社としてのビジネス上の損失から対処する場合はもちろん、著作権者になりかわり誠心誠意対応することが求められるし、それがない場合は、契約自体が無効になる可能性が大きいといえるでしょう。

　あるいは二次利用者に対し、利用料を徴収したり、有償でも配信を行い一定額の還元を予定している場合などにおいては、その配信利用料の徴収業務の代行もすることとなり、まさに従来であれば写真スタジオの事務員やアシスタントが行っていた、いわばマネジメント業を出版社に委託するという意味合いも生じることになるでしょう。

　こうした海賊版対処や利用料徴収にしても、これまでは出版社に権利が付与されていなかったために、作家等の権利者をサポートする立場でしかなかったものが、より明確に「権利者」としての対応が可能になるという意味で、写真家等の著作権者にとっても、譲渡が権利の擁護につながる具体的な効果であると思われます。

　もちろん一方で、譲渡する限りは一定の制約も生まれます。たとえば、当該写真を対象期間内に別の媒体に発表すること（個展等の展示や自分のブログも含む）は、出版社の許可を得ることが必要です。そしてもうひとつ、この取り決めはあくまで「ガイドライン」であって強制力があるものではありません。したがって、きちんと契約書を見ていないと対象期間が「無期限」になっていたり、「いかなる場合も無償」となっていても、その契約が有効であって、ガイドラインを根拠に契約無効を法律上はいうことはできませんので注意が必要です。

　また、出稿した一部の写真だけ譲渡するという選択肢も考えられなくはありません。ガイドラインのQ&Aでは「同一の雑誌に掲載された同一

著作者による著作物の権利は、一括してお預けくださるようお願い申し上げます」とされていますが、たとえば被写体との関係上、ネット配信が向かない場合なども考えられ、むしろ写真家としての職務上の責任を優先させるべきだと思われます。

念のためにガイドラインで定められている期間と対象となる権利は以下のとおりです。なお、ガイドラインに準拠することを明らかにしているのは、2011 年末現在、22 社 67 誌です[13]。

○著作権の一時譲渡期間

刊行間隔の倍かつ 1 カ月以上 3 カ月以内（首都圏発売日の翌日起算）

（例：週刊誌＝ 1 カ月、季刊誌＝ 3 カ月）

○対象となる権利

複製権　譲渡権　翻案権　公衆送信権・送信可能化権

雑誌発行社は、著作者人格権に関し、印刷物での利用と同様に必要な配慮を行う

（3）電子出版における写真の意味

むしろこれを機に、写真家のポジションをあげることも必要です。たとえば、撮影者クレジットをすべての写真にきちんと表示させることなどがそのひとつといえるでしょう。今回のガイドラインに基づく電子配信契約も「口頭」でよいことになっていますが、その際に一言、「写真にはクレジットを入れること」を付け加えることが大切になってきます。それは、電子配信時の場合のルールであると同時に、翻って紙媒体における写真クレジットのあり方を「適正化」させる足がかりになると考えられるからです。

ただでさえ多くの写真家にとって、必ずしも十全ではなかった権利性が、デジタル・ネットワーク時代になって、さらに脆弱になっては困ります。

---

[13] 発足当初が 20 社 64 誌で、それほど増加していない。また、大手出版社もその主要雑誌は、準拠雑誌にしていない現状がある。

下手をすると紙媒体の今でさえ、「権利」を口に出すのがはばかられる実情があります。譲渡どころか、初めから権利がなかった（著作権は法人著作物あるいは共同著作物として出版社に帰属する）との考え方が現場では根強いからです。

その結果、自分の撮った写真で写真集を出版しようとしてもままならない事態に陥ります。むしろ今の時代、写真集を出版するのは困難でも、ブログ等で自分の写真を「発表」する機会は格段に増えています。そうした機会を逸することなく、依頼仕事であっても一定の期間を経た後は、自分の仕事（作品）として世の中に伝えることができる仕組みが必要であって、今回のガイドラインはそのためのステップと考えることが大切でしょう。

したがって、現時点は明確でない部分について、曖昧なままに残すことが必ずしも悪いことではなく、写真家と媒体の双方にとって表現の幅を可能な限り広くとって、自由な表現活動が担保されることが大切です。一方で、きちんと決めておいたほうがよいこと、たとえば契約の期限については、あくまでもガイドラインで定めた期間で切れることを確認し合い、それ以降については別途新たな契約が必要であるとの「慣行」を早く確立していくことが求められています。

そしてまた、写真は記事中のものだけでなく、当然ながらグラビアや広告にも含まれるわけで、こうしたページの写真の権利性を明らかにすることも必要だし、当然にこのガイドラインの範疇であると考えられます。また、電子出版用に作成されたデジタルデータの管理についても明確ではありませんが、デジタルデータの返却や削除も今後のテーマといえます。これは紙媒体でもいえることですが、出版後にその元データあるいは最終データを出版社や印刷所が保有したままになっているのが一般的です。むしろこの点で、写真家やデザイナー・画家が、出版社から原版を返却されるケースが多いのは、他の権利者から見ると恵まれているともいえます。

ただし一方で今後は、第三者の配信事業者もデータを保有することになるわけで、これまでの印刷所と同様の、従来からの慣習や慣行が通じる「出版ムラ」ではないだけに、きちんとした契約が必要になってくる可能性があります。その際には、はじめにお話ししたようなオリジナル性の認

定も問題になってくるかもしれません。

(4) ソーシャルメディア対応の必要性

　ここまでは主に、従来の出版や出版流通を前提に話してきましたが、すぐ前に触れたように、今やデジタル写真の主戦場は、こうした旧来型出版社の配信する電子書籍や雑誌ではなく、むしろソーシャル系のメディアにあるといえます。いわば、ツイッターやフェイスブック、ユーチューブやニコニコ動画にどう対処するかということです。これらの投稿サイトや電子掲示板の利用規定を見ると、実はこれまでお話ししてきたことが一見無駄になるようなことが書かれていたりします。

　たとえば、「ユーザーのつぶやきを使用、コピー、複製、加工、改作、変更、送信、表示、配布することができる」「投稿した写真や動画など、知的財産権で保護されるコンテンツを弊社に付与します」などがそれです。あるいは「所有権はユーザーにある」としていたりもします。

　これらの意味するところは、いったんこれらのサイトに投稿した写真は、もはや自分のものではなくなるということであって、極端な話、投稿した写真を本人が使用しても著作権侵害で訴えられかねません。かつて「2ちゃんねる」上の投稿をまとめたものが『電車男』(新潮社)として小説化されたり映画化もされました。これも、投稿されたものの使用権を一括して主宰者が使用できるとの「契約」によるものでしたが、同じように投稿した写真も、その事業者が自由に使用できるとなると、写真家は事実上、無権利状態におかれてしまうことになります。

　現行のソーシャル系メディアの投稿規定はまさに、著作権の無償かつ無期限の譲渡契約ともいえるものであって、これが無断転載等の問題が生じた場合[14]に、迅速に当事者として問題対処することができる根拠規定になっているわけです。しかしだからといって、自分の写真が勝手に使われたときに、必ずその事業者が権利を発動してくれるとは限りません。むしろ、それを期待するのは難しいというべきでしょう。だからこそ自らの著作権は、一身性[15]の著作者人格権としての同一性保持権を根拠とした改

窃に対する対抗措置だけでなく、無断引用や転載といった使用権侵害についても権利主張ができる「最低限」の法的環境の整備が急がれます。

　むしろ、こうした配信事業者が「プラットフォーム」を主張するのであればなおさら、あるいはプロダクション的なある種のマネジメント権を主張するのであるとしても、あくまでも著作権自体は著作権者である写真家に残ることの再確認が必要です。撮影した写真の使用方法については一義的にその写真家が決め、コンテンツ(写真)の責任は撮影者自身が負うという原則は、アナログかデジタルかは関係ないことを理解しなくてはいけません。その一方で、電子出版における出版権、版面権、編集権といった、広義(現行定められた隣接権の枠を超えるという意味で広い意味)の著作隣接権をどう定めるべきかは、デジタル・ネットワーク時代の課題であることは明らかであって、そのための話し合いに写真家も積極的にかかわっていく必要があるといえるでしょう。

第三章　新しいメディアと写真著作権

---

14) コンテンツに名誉毀損や公然猥褻等の問題が生じることは含まれない。これらの問題に対しては契約上、投稿者に全面的に問題解決の責任があることが明記されているし、同時に、事業者が一方的な削除(アクセス遮断)をする権利を有する規定があるのが一般的である。もちろん、いかなる場合も、著作者人格権は譲渡されない。
15) 使用権とは違って他人への譲渡ができず、著作権者にのみ帰属すること。

フォトコンテスト応募要項の手引き
「写真著作権の帰属について」

〒102-0082
東京都千代田区一番町25　JCIIビル3F
TEL/FAX 03-3221-6655

一般社団法人　日本写真著作権協会
会長　田沼武能

　わが国におけるフォトコンテストは、主催規模の大小を問わず、合わせて数千もの開催があるといわれています。

　フォトコンテストは、写真文化の発展と向上に多大な貢献と意義があり、芸術、教育、文化を通して科学技術や産業、ひいては経済の発展に大きな役割を担ってきました。

　最近、そのフォトコンテストの応募要項に、写真著作権の帰属について著作者の意にそわない記載があり、公益社団法人日本写真家協会及び一般社団法人日本写真著作権協会に、写真愛好家から「応募作品や入賞作品の著作権は誰に帰属するのですか」といった問い合わせが多く寄せられています。

　そこでフォトコンテストの応募要項を調査しましたところ、著作権を擁護する写真家の立場からは、問題となるような記述が散見されました。また、用語の解釈や表現の不統一といった箇所も見受けられ、応募者の誤解を招いていることがわかりました。

　そこで、フォトコンテストを主催される皆様に、応募要項を作成される際に参考にしていただければと「写真の著作権及び応募要項に関するガイドライン」を作成しました。

　応募要項の用語の統一、応募者の危惧する著作権（特に人格権）、主催者の利用目的および使用条件等を明記していただければ、応募者の疑問やトラブルを避けられると思われます。より良い写真文化の発展と向上のため

に、ぜひご検討くださいますようお願い申し上げます。

フォトコンテストの応募要項を作成するにあたっての
お　願　い

「応募要項」（例）

1　応募作品の著作権は、撮影者に帰属します。
2　入賞作品は、主催者が催す展覧会のほか、制作する作品集、パンフレットなどに、優先的に使用する権利を3年間を限度に保有します。
　　入賞作品は本コンテストの広報活動として、新聞、雑誌、テレビ、ホームページなどで使用することがあります。使用にあたっては撮影者の氏名表示を行います。
3　入賞作品の撮影原板（フィルム）またはデジタルデータは1～2年間を限度に、主催者がお預かりして、広報活動などに使用し、使用期間満了後、撮影者（入賞者）に返却します。
4　主催者がインターネットなどで利用する場合には、撮影者の氏名を表示します。
5　主催者は応募作品を第三者に貸与することはありません。
　　貸与する場合には、撮影者に事前に利用目的、使用条件（有償、無償に拘わらず）を説明した上で、承諾が得られたものについてのみ貸与いたします。
6　応募作品が他のコンテストでの入賞や印刷物、展覧会などで公表されていることが判明したときは、主催者は入賞、入選等を取り消すことができます。
7　応募作品の返却希望者は、返信用封筒に切手を貼って応募してください。
8　人物を主題にした作品の場合は了解を得てください。主催者はその責を負いません。

9 　応募作品が「合成または加工された写真」であるかどうかを明記してください。
10　他人の著作物を撮影し、それを素材にして加工や合成をしますと、著作権の侵害にあたる場合がありますので注意してください。

　以上、作成にあたっての指針を列記いたしました。とくに1～3は必須とし、4以下は主催者の裁量の範囲ですが、可能な限り記載されますようお願い申し上げます。
　また、既存の応募要項の中に「版権」という文言が使われています。現在は「版権」という表現はしていません。
　理由は以下のような経緯からです。今後は「著作権」に統一した表記をお使いください。
　わが国の著作権法制は、江戸時代まで遡ることができます。「図書を出版する者」を保護する規定「出版条例」（明治2年）がその先駆です。その後、明治8年に「出版条例」が改正されて、「版権」という規定が生まれ、出版者に30年間の専売権を認めることになりました。写真については明治9年に「写真条例」が定められ、免許から5年間の専売権が写真師（写真家）に認められることになりました。明治20年に、それまでの「出版条例」、「写真版権条例」が改正され、前者は著作者の死後5年、後者は出願、登録した写真は10年間認められることになりました。一方、肖像保護の目的から、委嘱を受けて撮影した写真の版権については、委嘱者に属すると規定されました。明治32年ベルヌ条約に加盟し「著作権法」（旧法）が公布され、写真については「発行後または製作後10年の保護」「嘱託による肖像写真は、嘱託者に帰属」「文芸、学術の著作物に挿入された写真の著作権は、その著作物の著作者に帰属する」と規定され、差別されていました。この旧法は昭和46年に著作権法の全面改正が行なわれ、「保護期間が公表後50年に」なり、「嘱託肖像」「挿入写真」の規定がなくなりました。平成9年には写真の著作権は、他の文芸、学術、美術、音楽と同等の権利「著

作者の死後50年間保護される」ことになり差別はなくなりました。しかし、旧法の規定で現存する写真家の著作権が消滅する問題も起こりました。現在復活（遡及）の運動をしています。このような長い歴史の下、今日では著作権の概念は映画を除いて基本的に統一したものになっています。

以上、何卒ご理解とご協力を賜りますようお願い申し上げます。

問い合わせ先：〒102-0082　東京都千代田区一番町25　JCIIビル3階304
TEL:03-3221-6655　FAX:03-3221-6655
一般社団法人 日本写真著作権協会（JPCA）

一般社団法人 日本写真著作権協会の加盟団体は以下の通りです（順不同）。

公益社団法人 日本写真家協会
公益社団法人 日本広告写真家協会
公益社団法人　日本写真協会
一般社団法人 日本写真文化協会
全日本写真連盟
日本肖像写真家協会
一般社団法人 日本写真作家協会
一般社団法人 日本スポーツプレス協会
日本自然科学写真協会
日本風景写真協会
（以上10団体）

あ と が き

公益社団法人 日本写真家協会
専務理事 山口勝廣

進化し続けるIT社会での写真著作権
《多様化したデジタル環境での写真著作権の保護のために》

―ソーシャルネットワーク時代に対応―

　IT（情報技術）社会への急速な流れは、私たちの日常生活を大きく変化させてきました。インターネットの普及は国境という壁を取り払い、その利用は加速度的に広範囲にわたっています。出版に関しても紙媒体から電子媒体へと変化し、単に時流とだけでは言い切れない状況になっています。

　デジタルネットワーク社会になった今日、インターネットは世界中の人々に開かれたメディアとして、リアルタイムに情報が世界を駆け巡っていますが、時には情報の氾濫によって混乱も生じています。冷静に取捨選択して見極める必要があります。

　出版事業の大変革により、書物の電子化にともなう著作権の権利処理やルールの確立が急務となり、「紙雑誌をデジタル配信する場合」の権利処理に関するルール作りのための協議が日本雑誌協会と著作者団体（日本文藝家協会・日本写真著作権協会）で行われ、デジタル化にともなう雑誌の著作物使用に関した権利処理のガイドラインが作成されました。

　写真著作権も紙媒体のみではなく、Web関係を含め、ますます複雑化した時代に対応する必要があります。

　どのような時代にあっても、今の時代を記録し残すことは写真家の使命であります。時代を記録した写真は歴史の証言者となることができますが、過ぎ去った時を追い求めても、過去に遡って写真を撮ることは絶対にできないのが写真です。

そのためにも、著作権や肖像権等の正しい理解が求められています。

「写真力と歴史の証言者」

　平成23年3月11日、未曾有の東日本大震災の発生で東北沿岸地域が壊滅状態になり、死者、行方不明者は2万人にのぼりました。3・11東日本大震災で被災された方たちが、あの悲惨な状況下で海水や泥にまみれた家族の写真に「どれほど慰められ、勇気づけられたことか、残された1枚の写真によって、恐怖や悲しみを超えて未来への希望にもなる」とインタビューで語っておられたことに感動しています。

　それこそが「写真力」であり、「写真のもつ役割」ではないかと思います。極限状態にあっても、ほんの身近な日常の記録が、時として大きな力になり、生きる希望になるとの言葉は、改めて写真人として、感銘を受けました。

　必要なことは、単なる自然への憧憬や過去への回帰ではなく、私たちの子供たちや未来に対して、何を残すべきかを写真で語り続けることではないでしょうか。

　奇しくも大震災によって、写真の存在が見直され、改めて評価されたことでしょう。

　「写真記録は歴史の証言者である」

　明日では遅いのです。

　被災地域の一日も早い復旧、復興と写真界の発展を願って！

　インターネットを利用したWeb上での写真の販売や流通、ホームページやブログ上の作品発表などと利用形態も多様化し、一方では、SNS（ソーシャル・ネットワーキング・サービス）の急速な普及によって、その利用規約の中には著作権放棄を容認させるようなものが散見され、写真著作権に関わる侵害やトラブルが増加傾向にあります。

　また、デジタル出版では、写真原板から製版にいたる過程でデジタルデータ化し、印刷されています。

　この場合、特に注意しておかなければならないことに、印刷完了時点で写真原板が出版社や印刷会社、あるいはスポンサーからデータが返却され

たとしても、デジタルデータが先方のサーバーに残ることになります。

　その上、デジタルデータそのものは不変であるところから、どれがオリジナルかどうかすらわからなくなり、幾つものオリジナルが生まれることになります。それだけにデータの返却や廃棄に対して、不安が付きまとい写真原版以上に気を配る必要があります。

　現状では、先方との信頼関係に依存するしかなく誠に手ぬるい現実があり、この点を補うには、契約によって諸条件を設定し、双方で確認する必要があります。

　「JPS著作権よろず相談」にもすでに、デジタルデータ化された写真の流用による不正二次使用や他社での無断使用による出版などが報告されています。デジタルデータは安易に加工や改変ができ、その分、著作権管理が難しくなったといえます。

　時代の推移による出版環境の変化に対抗するには、先行するテクノロジーに立ち遅れないよう、著作権に関わる諸問題も、注意深く将来を見据えて考えていかねばならないことでしょう。

　デジタル技術の進化により、ますます著作者の権利を守ることの難しさが表面化しています。

　この度の編集に関しましては、日本写真家協会の歴代の委員や前著『写真著作権』（2003年）の執筆者の皆さまに、著作の引用、参考など多大なご協力をいただきました。また本篇では、「c-book編集会議」の方々にお世話になりました。御礼申し上げます。

あとがき追記（第2版出版にあたって）
―TPP（Trans Pacific Partnership）―**交渉合意による影響**

　2015年10月、環太平洋戦略的経済連携協定が参加12か国で合意に達しました。

　この協定が締結されるまでには、多少時間がかかると思われますが、締結後に影響を受けると思われる点を要約、記載いたします。

知的財産権分野における著作権
①著作権保護期間の延長
　著作権の保護期間(著作者死後50年)から、欧米先進諸国同様に著作者死後70年への延長。

②著作権侵害に対する非親告罪化
　非親告罪化導入によって、著作権保有者や出版元が許可しても、著作権保有者の意志に関係なく、著作権を侵害した該当者を調査、告訴できるようになります。

③民事訴訟・法定損害賠償
　日本では実損を基本として算出された損害賠償に関わる費用が、著作権の侵害を立証すれば、裁判所が一定額の賠償の支払いを命ずることができる法的損害賠償金制度。このルールが導入されれば、権利者が損害額を立証をする必要がなくなり、悪質な海賊版などに対して訴訟を起こしやすくなる一方、軽微な侵害についても訴えられるリスクが増えることになります。
　以上の点に、注意しておくことが必要でしょう。

「公益社団法人 **日本写真家協会2012年著作権委員会**」
榎本正好・工藤裕之・光斎昇馬・小林淳・佐々木貴範・瀬尾太一
天神木健一郎・永嶋サトシ・花井尊・堀切保郎・和田靖夫

「公益社団法人 **日本写真家協会2015年著作権委員会**」
片桐寿憲・佐々木貴範・佐藤昭一・瀬尾太一
堀切保郎・吉川信之・和田直樹・和田靖夫

「c-book編集会議」
公益社団法人 日本写真家協会・足立寛、加藤雅昭、山口勝廣
株式会社 太田出版・岡聡、柴山浩紀、團奏帆
有限会社 日本ユニ著作権センター・宮辺尚

写真著作権　執筆者一覧（登場順）

川瀬 真
公益社団法人日本複製権センター理事、横浜国立大学成長戦略センター客員教授、金沢工業大学大学院工学研究科客員教授、跡見学園女子大学非常勤講師。専門は著作権法、コンテンツ・ビジネス。

北村行夫
弁護士。虎ノ門総合法律事務所所長。日本ユニ著作権センター相談員。主な著作に『新版 判例から学ぶ著作権』（太田出版）などがある。

花井 尊
東京写真記者協会前事務局長。1972年、朝日新聞社入社。写真部長、編集担当補佐、ジャーナリスト学校主任研究員など。2014年逝去。

大亀哲郎
日本ユニ著作権センター著作権実務相談員。JPS・日本写真保存センター諮問調査委員。元小学館・法務・ライツ局ゼネラルマネージャー。共著『編集者の危機管理術』（青弓社）。

志村 潔
廣告社株式会社代表取締役社長。著書に『広告の著作権　実用ハンドブック』（太田出版）がある。

大家重夫
久留米大学名誉教授。27年間、文部省に勤務、うち5年5ヶ月間、著作権課課長補佐、著作権調査官。2010年まで22年間、久留米大学法学部教授。

石新智規
弁護士（2000年登録）、西川シドリーオースティン法律事務所・外国法共同事業。著作権法学会、国際著作権法学会会員。日本ユニ著作権センター著作権相談員。

山田健太
専修大学文学部、人文・ジャーナリズム学科教授。専門は言論法、ジャーナリズム論。日本ペンクラブ理事・言論表現委員長。近著に『ジャーナリズムの行方』など。

ユニ知的所有権ブックス　NO.19
UNI INTELLETCTUAL PROPERTY BOOKS NO.19

写真著作権 第2版

2016年1月27日第一刷発行
2017年10月28日第二刷発行

企画監修	公益社団法人 日本写真家協会
編著	公益社団法人 日本写真家協会著作権委員会
装画	Malpu Design（佐野佳子）
装丁	Maplu Design（清水良洋＋李 生美）
編集協力	宮辺尚（有限会社日本ユニ著作権センター）、柴山浩紀、團 奏帆（太田出版）
発行人	岡 聡
発行所	株式会社太田出版
	160-8571　東京都新宿区愛住町22　第3山田ビル4F
	TEL 03-3359-6262　FAX 03-3359-0040
	http://www.ohtabooks.com
印刷所	株式会社シナノパブリッシングプレス

ISBN 978-4-7783-1500-9 C3032

乱丁・落丁はお取替えいたします。
本書の一部あるいは全部を無断で利用（コピー）するには、
著作権法上の例外を除き、著作権者の許諾が必要です。
©Japan Professional Photographers Society, 2016

ユニ知的所有権ブックスシリーズ

事件で学ぶ著作権

豊田きいち

現場の「危険」を察知する"著作権感覚"を鍛えるために！「危険」を察知できれば対応はできる。長年にわたって著作権トラブルを見つめてきた第一人者による、著作権実務者が著作権を適正かつ有効に利用するための、実践的な1冊。

肖像権 改訂新版

大家重夫

著作権研究者・実務者のみならず、マスコミ、エンターテインメント関係者、ウェブサイト運営者まで、必読の決定版。最新判例や事件などの豊富な実例をもとに、第一人者が明快に「肖像権」「プライバシー権」の基本的な考え方を示す！

編集者の著作権基礎知識

豊田きいち

実務の前に、これだけは押さえたい「著作権の歩き方」。仕事を始めたばかりの編集者がつまづきがちな著作権の「基礎」を明解に解説、現場の編集者が最低限知っておくべき著作権の要所を、実務と実例に照らし合わせながら説く。

原点から考えるオンライン出版
——著作権と電子書籍の流通

北村行夫

電子書籍が普及していくいま、理解しておくべきこととは。長年日本の著作権と出版を見つめてきた著者が語る、オンライン出版（＝送信可能化権に基づく電子書籍の出版）に必要な著作権理解と、出版者・電子書店・閲覧端末のあり方。

映像の著作権 第2版

二瓶和紀
宮田ただし

映像制作に携わる人間がおさえておかねばならない知識をまとめた、必携の書第2版！ 著作物としての「映像」の歩みを概観し、映像制作の現場で実際に起こるさまざまなトラブルについての具体的な考え方を提供する。